농구의 탄생

그 역사와 에피소드

차례
Contents

03 농구의 탄생과 네이스미스 박사 17 흑인 선수들의 투쟁 24 점프슛의 탄생과 슛의 발전 37 승리의 밑거름들: 리바운드, 블록슛, 스크린 60 팀플레이의 연결고리: 패스와 드리블 69 드래프트, 선수 선발과 연봉 제도의 역사 77 '나이키 에어'와 농구 비즈니스 84 간략히 돌아보는 농구의 역사

농구의 탄생과 네이스미스 박사

대부분의 스포츠가 유래가 모호한 반면, 농구의 유래는 분명하다. 농구는 캐나다 태생의 교사였던, 미국 스프링필드 대학의 제임스 네이스미스 박사가 고안해 냈다. 1891년 12월, 네이스미스 박사는 겨울철에도 학생들이 운동을 즐길 수 있도록 고심하다가 '농구'라는 종목을 만들어냈다. 골프 코스를 만드는 것이 취미였고, 펜싱 등 여러 운동에 능했던 네이스미스는 배우기 쉽고, 보기에 흥미로우며, 겨울에도 여러 사람이 함께 즐길 수 있는 운동을 원했다. 이것이 바로 농구의 시작이었다.

농구가 '박스 볼'이 될 뻔한 사연

지금은 영어에서 농구를 Basketball이라는 한 단어로 사용하지만, 1921년까지는 Basket Ball로 표기하였다. 바구니(basket)에 공(ball)을 넣는 종목이었기 때문이다. 네이스미스와 함께 최초로 농구경기를 치른 한 학생은 창안자의 이름을 따 네이스미스볼이라 부르자고 했지만, 그는 "그러면 인기가 없을 것 같다"며 정중히 거절했다고 한다. 만약 네이스미스볼이라 불렀다면 어땠을까? 이 종목에 자신의 이름이 들어가지 않았어도 네이스미스가 명예의 전당에 오르는 데는 별 어려움이 없었지만, 만약 이름을 넣었다면 이를 이용해 특허를 받을 수 있었을지도 모른다. 알려진 바에 따르면 특허를 내라고 주위에서 권고했는데도 그는 "세계에 널리 퍼지면 좋겠다"는 이유로 거절했다고 한다. 농구를 발명할 당시 34살이었던 네이스미스는 가정환경이 대단히 어려웠지만 농구로 돈을 벌 생각은 하지 않은 것이다.

네이스미스 박사가 바구니가 아닌 상자를 사용하려 했다는 얘기도 있다. 당시 체육관에 상자가 없어서 급조한 바구니를 경기에 사용했다는 것이다. 만약 상자를 사용했다면 '바스켓 볼'이 아니라 '박스 볼Box Ball'이 됐을지도 모르는 일이다. 농구가 탄생한 이후 아직까지 변함이 없는 것이 하나 있는데, 바로 림Rim의 높이이다. 오늘날 규정에 따르면 림은 수평인 바닥에서 305cm 높이에 부착되어 있어야 한다. 305cm는 당시 첫 경기가 열린 YMCA 체육관의 높이가 10피트(305cm)였기 때문에 생긴 것이다.

네이스미스 박사는 1891년 겨울에 교지에 농구 규칙을 설명한 팸플릿을 만들었고, 1892년에 이를 배포했다. 1892년에 배포한 첫 광고 내용은 아래와 같다.

> 누구나 즐길 수 있는 새로운 게임, 농구!
> 공을 차는 대신 손으로 다루며, 발로 차서 넣는 대신 던져서 넣으며, 굴리면서 가지 않고 들고 갑니다. 축구처럼 팀플레이(Team Play)와 태클(Tackle), 블록(Block), 패스(Pass)가 가능합니다. 각기 팀을 짜서 규모에 따라 실내나 야외에서 모두 가능합니다. 선수들과 관중들, 모든 이에게 신나는 운동이 될 것입니다.

농구 규칙은 어떻게 발전했는가?

농구는 다른 종목과는 달리 규칙이 먼저 만들어졌다. 그리고 그 규칙에 따라 페어플레이(Fair Play)와 팀플레이를 해야만 이길 수 있다. 규칙을 지키지 않으면 벌칙이 따르기 때문이다. 규칙과 벌칙은 시대가 흐르면서 강도를 더해갔으며 더 정교하게 변했다. 네이스미스 박사가 발표한 최초 규칙은 13개였는데 오늘날 규칙 역시 최초 규칙에서 많이 벗어나지 않는다. 최초의 규칙 13개와 그 변화를 살펴보자.

규칙1. 공은 축구공을 사용하며, 한 손 또는 두 손으로 던질 수 있다.

축구공이 아닌, 정식 농구공을 경기에서 사용한 건 언제부터였을까? 첫 경기가 시작된 지 2년 뒤인 1894년에 축구공보다 좀 더 크고 잘 튀는 공을 사용했고, 계속 규격이 변했다고 한다. 그때만 해도 가죽공은 대단히 귀했다. 여러 장 가죽을 꿰매 만든 둥근 모양의 겉면에 튜브를 넣고 바람을 넣어 부풀린 것을 농구공으로 사용했다. 미국과는 달리 한국에서는 이런 농구공 하나 구하기조차 힘들었는데, 1920~1930년대 농구공에 대해서 "명동에 다찌가라 운동구점이 있었다. 그때 이미 일본의 다찌가라 농구공이 나왔는데 그때 돈으로 6원인가 7원이었다"라는 회고가 있다.(『한국농구80년사』, 대한농구협회 발간) 이때 6원이면 쌀 한 가마니 값이었다. 1954년에는 '합성수지 고무로 만들어져야 함'이란 규정이 생겼다. 1960~1970년대 무렵, 한국에서는 미군부대에서 사용하다가 시장에서 거래된 미제 농구공을 사용했다. 그러나 그마저도 많지 않아 중고연맹전에서는 각 팀에서 공을 하나씩 뽑아 사용하곤 했다. "그때는 공 잃어버리는 게 가장 무서운 일이었다. 1학년들은 무조건 공만 들고 다녔다." 1970년대에 선수 생활을 한 농구해설가 이명진의 말이다.

가죽을 꿰매어 만든 초기의 농구공. 그리 질은 좋지 않았다.

축구공과 마찬가지로 오늘날 농구

공은 세월과 함께 계속 변하고 있다. 몰튼이 지원하는 국제대회나, 스팔딩이 지원하는 NBA 모두 선수들이 더 나은 경기를 보일 수 있도록 과학적인 분석을 계속하고 있다. 한편 "슛은 한 손 또는 두 손으로 던질 수 있다"고 되어있지만, 당시에는 대부분 점프하지 않은 채 두 손으로 슛을 던졌다고 한다. 농구에서 점프슛이 등장한 것은 그보다도 훨씬 뒤인 1930~1940년대부터였고, 처음 도입될 당시 기존 인사들 사이에서 반발이 많이 일었다.

규칙2. 공은 주먹이 아닌 한 손 또는 두 손을 사용해 어느 방향으로 쳐도 좋다.

초창기에는 드리블(Dribble) 개념이 없었다. 패스를 받은 사람은 그 자리에서 곧장 패스를 해야 했다. 드리블은 1896년에 예일 대학교가 공격 수단으로 시험 삼아 도입했고, 1898년부터 정식 채택되었다. 무슨 이유인지 1902~1908년까지 금지된 드리블은 1913년에 공식적인 기술 중 하나로 자리 잡았다. 초창기에 드리블을 한 의도는 전진보다는 공간을 만들고, 공격권을 유지하기 위함이었다. 때로는 공을 굴려도 됐다. 논문을 찾아보면 미식축구처럼 전진패스만 가능하게끔 하는 논의도 있었음을 알 수 있다.

규칙3. 선수는 공을 가지고 뛸 수 없으며 반드시 공을 잡은 지점에서 공을 던져야 한다. 뛰면서 공을 잡은 선수는 그대로 그 자리에

정지할 수 있다.

선수는 공을 갖고 달릴 수 없다. 드리블을 한다면 모를까, 공을 잡고 세 걸음 이상 걸어선 안 된다. 개념은 여전히 똑같다. 그러나 공을 잡은 지점에서 패스하고 공을 던져야 하는 것은 아니다. 수비를 따돌리고 공간을 만들기 위한 움직임이 체계화되면서 다양한 전술이 만들어졌다. 그리고 다양한 전술을 막기 위해 수비가 발전하는 등 긍정적인 연구가 계속되었다.

규칙4. 공은 두 팔이나 신체의 다른 부위를 사용하지 않고 두 손으로 갖고 있어야 한다.

농구는 미식축구, 럭비, 축구와는 다른 개념, 즉 손만을 사용하는 운동으로 발전을 거듭해갔다. 이 때문에 지금까지 이어지는 이 규칙도 여전히 유효하다. 발에 맞을 경우 공격권이 넘어간다.

규칙5. 상대방을 어깨로 밀거나, 붙잡거나, 넘어뜨리거나, 때리는 행위는 허용되지 않는다. 이 규칙을 처음 위반했을 때에는 파울 한 개로 계산하며, 두 번째부터는 상대팀이 다음 공격을 성공시킬 때까지 경기에서 제외된다. 상대방에게 부상을 입힐 정도로 거칠었다면 경기가 끝날 때까지 교대하는 것을 허락하지 않는다.

네이스미스 박사는 즐기기 위한 건전한 운동을 원했다. 그래서 처음에는 코치도 필요 없다고 생각했다. 이는 페어플레이 정신과도 연결된다. 두 번째 파울을 범했을 때, 상대가 다음 공격을 성공시킬 때까지 뛰지 못하는 것은 마치 핸드볼을 연상케 한다. 이 규칙은 NBA(National Basketball Association) 출범 뒤에도 어느 정도 영향을 주었다. 50/51시즌에 NBA는 마지막 3분간 자유투를 주는 파울이 발생할 경우, 자유투 후 파울을 한 선수와 파울을 당한 선수가 점프볼(양 팀의 두 선수가 심판이 던져 올린 공을 서로 다투어 빼앗는 것)을 했다. 고의적으로 파울을 범해 공격권을 가져가는 일을 없애기 위해서였다. 이 규칙은 52/53시즌에 개선되어 자유투를 던진 선수와 그를 수비하던 선수가 점프볼을 하는 것으로 바뀌었다. 처음 규칙이 바뀐 뒤에는 장신 선수가 단신 선수에게 고의로 파울을 가해 점프볼에서 이득을 보았기 때문이다. 그러나 여기서도 폐해가 생기자, 아예 "선수는 쿼터(한 경기의 시간을 네 등분 했을 때 그 한 부분을 세는 단위)에 파울 2개 이상은 할 수 없다"고 규칙을 정해버렸다. 3개째부터는 아예 해당 쿼터의 남은 시간을 뛰지 못했다. 경기 막판에 무분별한 파울로 경기 시간이 지연되는 경우가 많았기에 적용한 규칙이다. 그렇지만 이 규칙은 얼마안가 없어졌다. 오늘날에는 규칙이 더욱 엄격해져 손을 대거나, 밀거나, 붙잡는 행위를 하면 가차 없이 파울이 선언된다. 단지 다른 점이 있다면 개인파울이 다섯 개(NBA는 여섯 개)면 퇴장 당하고, 개인파울 누적이 팀 파울로 연결되어 팀에도 손해를 줄 수 있다는 점이다. 또 만약 거친 플레이를 한다면 테크니컬 파울(자유투 1개, 두 번째에 퇴장)이나 플레이그런트 파울(자유투, 공격권, 퇴장과 징계) 등의 대가를 치러야 한다는 점도 과거와 유사한

점이다. 1920년대까지는 팀별로 자유투 던질 선수를 지정할 수 있었다.

규칙6. 주먹으로 공을 치거나 세 번, 네 번 위반하거나 다섯 번 위반은 전부 한 개의 파울이다.

오늘날 주먹으로 공을 치는 것은 어느 상황이냐에 따라 위반 여부가 가려질 것이다. 요즘에는 몇몇 선수들이 묘기를 보여주기 위해 주먹으로 쳐서 날리는 듯한 행위를 보이기도 한다. 그렇지만 심판에게 넘길 때 감정이 섞인 나머지 주먹으로 쳐서 공을 넘긴다든가, 관중석으로 날린다면 테크니컬 파울뿐 아니라 리그 사무국으로부터 큰 징계를 받는다. 규칙 위반은 위에서 언급한대로 개인 파울로 누적될 수도 있고, 테크니컬 파울은 두 개째부터 퇴장으로 연결된다.

규칙7. 상대방이 파울이 없는 가운데 3개 연속 파울을 범하면 그 상대팀에게 한 골을 준다.

지금의 팀 파울과 비슷한 취지의 규칙으로 볼 수 있다.

규칙8. 공을 던지던가, 쳐서 바스켓에 들어갔을 때 골로 인정한다. 또한 공이 바스켓의 가장자리에 멈추었거나 상대방이 바스켓을 흔들었을 때 역시 골이다.

초창기 농구경기에는 백보드가 없었다. 그렇기에 바스켓이 매달린 막대를 흔들어 상대 슛을 저지하는 속임수도 썼다.

FIBA(국제농구연맹)의 정식 농구경기에 철판 백보드를 처음 설치한 건 1896년이었고, 1910년경에 목재로 바꾸었다. 요즘처럼 투명한 유리 백보드로 바뀐 것은 '흥행'을 위해서였다. 높은 곳에 앉은 사람들이 백보드 때문에 경기가 잘 안 보인다고 불평하자 백보드를 투명한 재질로 바꾼 것이다. 여기에 덩크가 경기 중에 자주 속출하면서 안전을 위해 유리질이 강화되었고, 탄력 있는 선수들을 위해 백보드 아래쪽을 더 튼튼하게 만들어 긁히거나 찍히는 일이 없도록 두꺼운 판을 백보드 밑에 설치했다. 백보드의 등장은 훗날 뱅크슛(백보드를 맞춰서 넣는 슛)이라는 새로운 득점 기술을 탄생시켰다. 또 림에 그물이 생긴 것은 1914년이었다. 지금은 상상이 되지 않지만 초창기에는 바구니에서 공을 꺼냈다. 1914년에야 골대 그물에 구멍을 만들어 공이 골인 되면 관통하게 했다. 한편 공이 바스켓의 가장자리에 멈추는 일은 요즘에는 일어날 수 없다. 그러나 비슷한 예를 골텐딩과 실린더 규칙에서 찾아볼 수 있다. 골텐딩은 장신 선수들이 키를 이용해서 슛을 마구 걷어내는 것을 방지하기 위해 도입되었다.

규칙9. 공이 라인을 벗어나 아웃 - 오브 - 바운스(Out of Bounce)가 되었을 때는 처음 공에 닿은 선수가 코트 안으로 공을 던져 넣는다. 이때 5초 안에 던져야 하며, 시간이 경과되면 공은 상대방에게 넘어간다. 어느 쪽 공인지 분명치 않을 때에는 부심이 그곳에서 똑바로 던진다. 만일 어느 팀이 고의로 게임을 지연시키려 할 때는 부심은 그 팀에게 바이얼레이션('룰 위반'이란 뜻으로 파울에 속하지 않는 반칙)을 적용한다.

오늘날 농구경기와 비슷한 점이 많다. 아니, 거의 고치지 않은 규칙이라고 말하는 것이 더 옳을 것이다. 단지 세월이 흐르면서 NBA는 자체에서 규칙을 개정했는데 다음 규칙을 눈여겨 볼 만하다.

_경기(연장전) 마지막 2분에 공격권을 획득한 뒤 바로 타임아웃을 요청했을 때에는 원래 인바운드 위치 또는 하프코트에서 인바운드 할 수 있는 옵션이 따른다.(78/79시즌)
_공을 인바운드하지 않은 상태에서 2번 이상 연달아 타임아웃을 요청할 경우 2번째 타임아웃부터는 45초로 제한된다.(94/95시즌)

규칙10. 부심은 선수를 심판하며 파울을 기록하고, 연속해서 3회 파울 했을 때는 주심에게 알린다. 부심은 다섯 번째 파울 한 선수를 실격시킬 권한을 지닌다.

심판의 역할은 시간이 지날수록 늘어났다. 1909년에 심판이 1명에서 2명으로 늘었고, 선수들의 덩치가 커지고, 경기가 빨라지면서 심판은 2명에서 3명으로 늘어났다. 처음 심판을 늘릴 때만 해도 협회는 그만큼 인건비가 많이 든다며 반대의견을 피력했지만, 플레이가 갈수록 거칠어지자 88/89시즌 NBA부터 심판 제도를 바꾸었다. 이후 국내농구를 비롯해 세계의 많은 리그가 3심제를 채택하기 시작했다. 또한 파울을 기록하는 것은 더이상 부심의 몫이 아니다. 심판은 파울을 선언할 뿐, 기록원(Score Keeper)이 따로 있어 기록을 정리한다.

규칙11. 주심은 공을 판정하고, 경기시간을 계측한다. 또 언제 골인(Goal in)이 되었는지, 몇 개의 골을 성공시켰는지 계산하며 기타 통상적으로 심판이 행하는 임무를 행한다.

이 역시 결정과 선언은 심판이 하지단 계산은 기록원들이 한다. 또 문제가 있을 때는 사이드라인에 있는 경기운영팀과 상의해서 결정한다.

규칙12. 경기시간은 전·후반 15분씩으로 하고 중간에 5분간 휴식한다.

경기 시간은 많이 변했다. 오늘날 NBA 프로농구는 12분씩 4쿼터이고, 한국 프로농구는 10분씩 4쿼터이다. 국제대회 이지는 10분씩 4쿼터 제도를 택하고 있다. 미국 대학농구만이 여전히 20분씩 전·후반 경기를 한다. 그러나 타임아웃이나 하프타임 휴식 시간은 각 지역에 따라 바뀌어 왔다. TV 광고와 같은 경제적, 정치적인 이유가 가장 크다.

규칙13. 상대보다 많이 골인한 팀이 승리하며, 동점일 때는 주장의 동의 아래 다음 골을 성공할 때까지 계속한다.

처음에는 골든골(정규시간이나 기간 안에 승부를 가리지 못하고 연

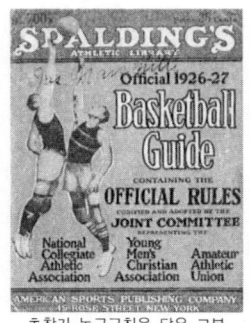
초창기 농구규칙을 담은 교본

장전에 들어간 경우, 먼저 득점하는 팀이 승리를 하고 경기를 끝내는 경기방식)과 같은 개념으로 진행된 경기에 연장전 개념이 도입되었다. 그러나 여전히 친선경기는 동점으로 끝날 때도 있고, 4쿼터가 아닌 5쿼터 개념으로 연습경기를 하는 경우도 많다. 길거리농구 대회에서는 시간관계상 자유투로 승부를 결정할 때도 있다.

최초의 농구경기가 감독이 아닌, 주장의 협의가 더 큰 비중을 차지한 이유는 감독이 아예 없었기 때문이다. 감독은 1949년까지 타임아웃 동안에도 절대 입을 열 수 없었다. 초창기 농구팀 감독은 주로 육상팀 코치들이 맡았다는 후문도 있다.

역사적인 첫 경기, 그 이후

감독 없이 위 13개 규칙에 따라 치른 농구경기의 결과는 어땠을까? 미국농구코치협회 회보에 실린 회고록에 따르면 반응은 폭발적이었다고 한다. 농구는 이후 대학가를 중심으로 급속히 퍼져나갔고, YMCA의 협조로 전 세계에 보급되었다. 선교활동에 나선 YMCA 교사들이 시범을 보이고, 전수하면서 자연스레 인기를 얻은 것이다. 그 과정에서 네이스미스와 YMCA는 농구가 야구처럼 상업화, 기업화되는 것에 반대했지만 미국 사업가들을 막지는 못했다.

한국에는 1900년대 초반에 YMCA 선교사인 질레트에 의해 보급되었는데, 그때만 해도 농구가 인기가 많지 않아 야구를 하던 선수들이 야구복을 입고 농구를 했다고 한다. 우리뿐 아니라 대부분 국가에서 농구는 복잡한 규칙보다는 경기자체를 이해하는 것부터 시작했는데 "멋진 묘기보다는 그냥 골이 들어가는 것 자체가 멋있고 신기해 보였기에 인기가 있었다"는 것이 초창기 농구를 해본 사람들의 말이다. 한국에서는 종로 YMCA 체육관을 중심으로 농구가 보급되었다. 본토에서 농구는 1920년대 들어 미국에서 협회가 생기면서 구심점을 찾았다. 세계적으로는 1932년 6월 18일에 국제아마추어농구연맹(FIBA, 프랑스어인 'Fédération Internationale de Basketball Amateur'의 약자. 1986년부터 '아마추어'라는 단어를 뺐으나 약자는 그대로 FIBA로 사용하고 있다)이 스위스 제네바에서 창립되면서 국제적인 스포츠로서 출발을 알렸다. 농구가 올림픽에 등장한 것은 1936년 독일 베를린 올림픽 때였다. 네이스미스 박사가 관전한 가운데 미국은 캐나다를 19:8로 꺾고 금메달을 땄다. 대한민국의 이성구, 장이진, 염은현은 일본 팀의 일원으로 출전해 대한민국 민족의 우수성을 알렸다. 일본은 당시 2승 5패로 13위를 기록했다. 당시 "일본을 왜 도와주느냐"는 반발도 나왔다. 그러나 '한국 농구의 아버지'라고도 불린 이성구 선생은 "외국에 우리 민족의 우수성을 알려야 한다"며 출전을 감행한 것으로 알려졌다. 네이스미스 박사는 훗날 농구 감독으로도 이름을 떨쳤다. 하지만 아이러니하게도 '농구명문' 캔자스 대학 역사상 승률 5할을 채우지 못한 감독은 네이스미스 박사가 유일했다. 그는 네브라스카와의 친선 경기에서 48:8로 패하기도 했다.

흑인 선수들의 투쟁

현재 NBA 프로농구를 주도하는 것은 흑인들이다. 어시스트와 스틸, 자유투 성공률 등 몇 개 부문을 제외하면 대부분의 순위에서 역대 1위 기록을 보유하고 있는 사람들 역시 흑인이다. 2007년 현재 연봉 순위에서 선두를 달리는 선수들 또한 대부분 흑인이다. 이처럼 흑인들이 농구에서 두각을 드러내는 이유는 다른 인종보다 운동능력, 스피드, 근육 등에서 월등히 앞서 있기 때문이다. 순간적인 순발력과 민첩함뿐만 아니라, 지구력이 필요한 마라톤과 같은 육상 종목에서 케냐, 에티오피아 출신의 흑인들이 돌풍을 일으키는 것도 같은 이유다. 하지만 흑인들이 지금처럼 백만장자가 된 것은 그리 오래되지 않은 일이다. 통념처럼 여겨졌던 인종차별주의는 농구에서도 흑인들을 끼워주지 않았다.

흑인들의 수난

"우리가 이길수록 팀은 더 힘들어져요."

1966년 NCAA(미국대학농구) 패권을 차지한 텍사스 웨스턴 대학 선수들의 말이다. 텍사스 웨스턴 대학은 흑인 다섯 명이 주전으로 우승한 최초의 농구팀이다. 1956년에 우승한 샌프란시스코 대학(빌 러셀과 KC 존스), 1962년에 우승한 신시내티 대학(오스카 로버트슨)에도 30~40년 뒤 농구선수들이 존경하게 된 흑인 전설들이 몸담고 있었다. 그러나 그들처럼 흑인이 농구 경기에 필요한 다섯 자리를 모두 맡은 팀은 미국 남부지방에서 최초였다.

그들이 우승을 거머쥐기까지는 혹독한 수난을 겪어야 했다. 원정 경기에서 폭행을 당하는가하면, 숙소가 난도질당하는 설움도 겪는다. 흑인들을 출전시킨 감독은 살해 협박을 받기도 했고, 백인동료들도 흑인동료들을 깔보고 무시했다. 그러나 이들이 시련과 좌절을 이겨내고 정상에 오른 길은 대단히 극적이다. NCAA 토너먼트는 상위권에 오를수록 전국의 관심을 많이 받기 마련이다. 결승전은 한때 프로농구 결승전보다도 인기가 높아 전국에 방송될 정도였다. 그런 큰 무대에 흑인들이 다가가고 있으니 주변의 견제는 더 심할 수밖에 없었을 것이다. 급기야 선수들은 "우리가 이길수록 팀은 더 힘들어져

요"라며 울음을 터트리기에 이른 다. 2006년 미국에서 개봉한 영화 「글로리 로드」는 이러한 실화를 영화로 재구성해 감동을 주기도 했다. 영화를 본 사람들 대부분의 반응은 "정말 이런 일이 있었나?" 였다. 오늘날 상황과는 정반대이기 때문이다. 반대로 NBA 흑인선수 들은 「글로리 로드」를 최고의 영

1966년 이변을 일으킨 텍사스 웨스턴 대학팀의 기사

화로 꼽는다. DVD로 소장하고 있다는 선수들도 많다. "그때 선수들이 열심히 투쟁했기에 우리가 있을 수 있었다"며 말이다. 실제로 '백인 우월주의자'로 불린 아돌프 럽 감독이 지도하고, 백인 다섯 명이 주전으로 나선 켄터키 대학을 상대로 우승을 거둔 1966년의 성공을 바탕으로 농구인들은 흑인들의 기량에 대해 진지하게 생각하게 되었다. 통계에 따르면 1985년까지 각 팀이 보유한 흑인 선수의 숫자는 2.9명에서 5.7명으로 증가했다.

그때, 무슨 일이 있었나?

점프슛과 같은 새로운 기술을 손에 익히는 과정에서 새 기술은 늘 보수파의 반발에 부딪쳐 그 효과가 뛰어나다는 사실을 입증해야만 했다. 마찬가지로 넓은 시야를 지닌 백인 감독

과 흑인 스타들은 흑인 선수들이 머리가 나쁘지 않고, 불량하지 않다는 사실을 입증해야 했다. 미국 사회에서 벌어진 인종차별은 대단히 심각했다. 1964년 미국인권법(Civil Right Act)은 겉으로는 많은 것을 바꿔놨지만, 사람들 머릿속에 잠재된 '흑과 백' 의식은 변하지 않았다. 아마추어와 프로 스포츠에서도 마찬가지였다. 지역마다 정도는 달랐지만 대다수가 편견과 핍박 속에서 힘든 세월을 견뎌야 했다.

실화를 바탕으로 만든 영화 「리멤버 타이탄」에서도 비슷한 예를 찾아볼 수 있다. 미식축구팀 타이탄의 흑인 선수들은 뛰어난 활약에도 백인들 식당에 들어가지 못하고 파티에 초대받지 못한다. 「글로리 로드」 텍사스 웨스턴 대학의 선수들은 어떤가? 팀원 12명 중 7명이 흑인이었던 그들은 원정길에서 오물을 뒤집어썼고, 기껏 다져놓은 팀워크는 현실 속 인종차별로 무너질 위기를 맞는다. 영화 속 상황은 허구가 아니다. 무려 11차례나 우승을 거머쥐며 NBA 역사에 획을 그은 센터, 빌 러셀조차도 동료들과 같은 호텔 방을 쓰지 못했고, 밥도 먹지 못했다고 고백한 바 있다. 그런 그를 위해 레드 아워백 감독은 "리바운드와 수비에 충실하라"고 지시했다. 궂은일을 통해 동료들의 플레이를 도우면서 인정을 받으란 의미였다. 아워백은 동시에 "러셀의 리바운드 하나를 득점으로 생각하라"고 말하며 그들을 역대 최고의 농구단으로 만드는 데 성공했다. 무하마드 알리는 어떠한가. '나비처럼 날아서 벌처럼 쏜다'는 말로 유명한 알리는 61전 56승(37KO승) 5패의 위대한 복

서로 추앙 받았지만, 올림픽에서 금메달을 땄어도 백인들과 함께 밥을 먹을 수 없는 설움을 받았다. 그는 평소 인종차별 문제에 대해 서슴없이 거론하는 편이었는데, 이에 대한 철퇴로 베트남전에 참전하라는 영장을 받아야 했다. 그러나 알리는 이를 거절했고, 결국 타이틀을 박탈당하고 출국금지 당하는 등 매국노 취급을 받기도 했다. 훗날 그는 UN 평화상(2005년)을 받으며 설움을 보상받았지만, 그만큼 백인 사회에서 유색 인종이 얼마나 어렵게 살았는지 알 수 있다. 그 밖에도 1974년에 NFL 최초로 흑인 주전쿼터백이 된 조 질리엄은 피츠버그를 슈퍼볼에 올려놓는 파란을 일으켰지만 흑인이라는 이유로 출전하지 못했다. 이후 그는 마약에 빠져 방탕한 생활을 했고 NFL 선수 경력도 오래가지 못했다.

편견을 이기다

농구는 탄력으로만 하는 운동이 아니다. 초창기 농구는 점프를 금했다. 학교 여가활동에서 시작된 운동이었기에 흑인의 참여가 극히 제한적이었다. 그래서 흑인의 탄력과 운동능력을 부러워할 이유가 없었다. 시간이 흐르면서 길거리에서 농구를 즐기는 흑인들이 많아졌지만, 학교 지도자들이나 관계자들은 흑인 농구를 'Nigger Ball'이라 부르며 "흑인들은 빠르기만 하고 머리가 나빠서 농구를 할 수 없다"고 못을 박아버렸다. 실제 1966년 텍사스 웨스턴 대학을 이끈 돈 해스킨스 감독은

"기자들은 내게 '흑인 선수들은 스트레스를 잘 조절하지 못한다고 하는데, 골치 아프진 않으십니까?'라고 물어보기까지 했다"고 털어놨다. 초창기 유능한 센터가 언급될 때 흑인들의 이름이 간혹 보여도, 유능한 포인트가드를 언급할 때 흑인들이 빠져있는 것도 이런 이유에서였다. 그래서 흑인들 중에는 고등학교까지만 농구를 하고 공장에 취업하거나, 길거리 농구에서 도박성 농구와 마약판매로 돈을 번 이들도 있었다. 불과 1960~1970년대의 이야기다.

더 옛날에는 어땠을까? 흑인이 본격적으로 '승자'이자 '흥행 메이커'로 자리 잡은 것이 1960년대의 일이지만, 1950년 10월 31일에 NBA 프로농구에 처음 흑인이 등장했다. 워싱턴 캐피털스에 입단한 얼 로이드는 NBA에 가장 먼저 등장한 흑인선수다. 그는 당시 상황을 "가면을 쓰고 나타난 사람처럼 쳐다봤다"고 설명한다. 그를 비롯해 1950년에는 척 쿠퍼와 네이트 클리프튼 등 세 명의 흑인이 데뷔했는데, 그들은 대단히 치욕적인 경험을 했다. 관중들은 로이드가 백인 동료와 어깨동무를 했다는 이유로 침을 뱉었다. 그들은 같은 호텔에서 지내지 못했다. 흑인을 받아주는 호텔이 많지 않았기 때문이다. 백인 동료들 가운데는 '법과 제도'가 허락하는 아래 흑인들을 감싸주려는 이도 있었다. 그러나 주변 시선은 이마저 어렵게 만들기도 했다. 한편 얼 로이드는 4년 뒤인 54/55시즌, 시라큐스 내셔널스에서 NBA 타이틀을 획득하며 NBA 우승을 거머쥔 최초의 흑인 선수가 됐다. 또 71/72시즌에는 디트로이트 피스톤스의 감독이 되면서 NBA 최초의 흑인 감독이 되기도 했다. 그들은 비록 NBA 역사에 남을 기록을 세운 선수들은 아니다. 하지만 그들이 있었기에 오늘날 NBA 대부분의 기록들을 흑인의 손으로 쓸 수 있었다. 흑인이 백인보다 빠르고 민첩하다는 사실이 세월이 지나면서 입증되었다. 흑인은 백인들보다 더 화려하게 패스했고 더 높이 날았다. 그리고 결정적으로 경기를 재밌게 만들었다. 팬들은 그들의 화려함에 매력을 느꼈고, NBA와 구단주, 감독들은 결국 그들이 고집해 오던 '백인식 농구'가 더는 팬들을 끌어당길 수 없음을 인정해야 했다.

점프슛의 탄생과 슛의 발전

오늘날 최고의 슈터로 불리는 선수들의 점프슛은 많은 이들에게 '그림 같은 광경'이라 평가받는다. 하지만 무릎을 사용해 공중에 떠올라 한 손으로 슛을 던지는 모습은 1950년 이전만 해도 '추잡한' 것으로 평가받았다.

루이세티에게서 시작된 원 핸드 점프슛

원 핸드 점프슛을 세계 최초로 시도한 인물은 안젤로 '행크' 루이세티Angelo Luisetti로 기록되어 있다. 행크 루이세티(1916~2002)는 AP 연합통신이 선정한 20세기 전반기 최고의 선수 2위(1위는 조지 마이칸)에 오른 전설적인 인물이다. 양손으로 점프하지 않고 던지는 일명 '세트 슛'을 당연시하던 때에, 루이세티는 달리면서 한 손으로 슛을 던져 는길을 끌었다. 이 슛을 시도할 때만 해도 전문가들은 '쓰레기'라 폄하했다. 그러나 두 손으로 던지는 것보다 한 손으로 던지는 것이 더 빠르고 정확하며, 효율적이라는 것이 입증되면서 루이세티의 슛은 농구 역사상 최고의 혁명 중 하나로

최초로 원 핸드 점프슛을 던진 루이세티

남는다. 스탠포드 대학에서 그는 평균 16.1 득점을 기록하며 1937년과 1938년에 대학 우승을 거머쥐었다. 또 1938년 1월에 열린 뒤킨스 대학과 펼친 경기에서는 개인득점 50점을 기록하며 팀을 승리(92:27)로 이끌었다. 대학선수가 한 경기에서 50점을 기록하긴 루이세티가 처음이었다.

그러나 그의 득점 방식이 '정통'으로 자리 잡는 데는 많은 시간이 걸렸다. 1930~1940년대 최고 농구 지도자로 여겨지던 냇 홀먼Nat Holman은 "우리 선수들 중 누구라도 원 핸드 점프슛을 배운다면, 난 그 날로 농구를 그만둘 것이다"라고 말했다고 한다.

일본에서 아마추어 선수들을 지도하고, 농구교본 저술에 전념하고 있는 농구원로 이우재 선생도 당시를 생생히 기억

한다. "우리 때만해도 지금처럼 원 핸드 점프슛이니 플로터니 그런 기술이 없었다. 여자 선수들의 농구와는 달랐지만 투 핸드 슛을 주로 사용했다. 지금 농구 기술은 그 당시보다 훨씬 정교해졌다"며 당시 상황을 설명한다. 당시는 공격도 수비도 어지간해서는 점프하지 않았다. 한 기자는 "1940년대까지 감독들의 철학은 '좋은 선수는 수비든 공격이든 절대 발을 떼지 않는다'였다"고 술회했을 정도니 충분히 상상이 갈 것이다. 많은 선수들은 선 상태에서 언더핸드Under Hand(만화 「슬램덩크」에서 강백호가 자유투를 던지던 자세)로 슛을 던지다가 여자농구선수처럼 가슴에서 밀어 던지는 형태로 자세를 바꿨고, 이 자세는 1930~1940년대까지도 정석처럼 여겨졌다. "그때는 화려한 동작보다 사람이 슛을 던져서 림을 통과하는 것 자체가 신기하고 놀라운 구경거리였다. 그때는 그 나름대로 재미가 있었다." 1940년대부터 체육기자로 활동해 온 조동표 선생의 말이다.

슈터들의 등장

NBA 프로농구에서 이런 인식을 최초로 바꿔놓은 인물은 바로 '점핑 조Jumping Joe' 조 펄크스Joe Fulks다. 별명에서도 볼 수 있듯, 그는 NBA에서 가장 먼저 '점프한' 인물이다. 비록 그의 슛도 투 핸드에 가까웠지만 슛을 던질 때 점프해서 던졌다는 것만으로도 충분히 파격적이었다. 처음에는 자세가 귀 옆에서부터 공을 밀어내는 투포환처럼 우스꽝스럽다며 'Ear Shot'이라 불리는 등 폄하되기도 했지만, 성공률은 대단히 높았으며 곧 대중화되었다. 게다가 '점프하면 안 돼'라는 고정관념이 박힌 수비수들 역시 펄크스를 막는 데 곤욕을 치렀다.

비록 움직이다가 갑자기 점프해서 던지는 슛이었기에 성공률은 25.9%에 그쳤지만 막기 어려웠기 때문에 동료들의 집중 지원을 받을 수 있었다. 덕분에 펄크스는 NBA 초대 챔피언이었던 필라델피아 워리어스의 우승(1947년)에 기여했고 「명예의 전당」에 이름을 올렸다. 1930년대 루이세티와 1940년대 펄크스 덕분에 농구인들은 원 핸드 점프슛 연구를 적극적으로 시작했다. 이후 이들의 원 핸드 슛이 지금 우리가 던지고 있는 형태로 발전하는 데는 오래 걸리지 않았다. 프로 리그가 생겨나고 다양한 형의 선수들과 자웅을 겨룬 선수들은 먼저 무릎을 사용해 점프를 한 후 공을 던지는 것이 성공할 확률이 높다는 사실을 발견했다. 유럽에서도 1950년대 중반부터 원 핸드 점프슛이 전파되어 각 나라 감독들이 원 핸드 점프슛을 연습하는 명문팀들의 훈련을 참관했다고 한다.

한국 농구, 원 핸드 점프슛을 만나다

한국 농구에 원 핸드 점프슛을 전수한 이는 루이세티의 스승, 존 번John Bunn이었다. 1955년 한국 농구는 세계의 흐름을 따라가고자 하는 의욕이 대단했고, 그 의욕은 결국 외국인 코치 영입으로 이어졌다. 그가 바로 캔자스(1921~1930), 스탠포드(1930~1938) 대학에서 맹위를 떨친 번이었다. 번은 경복고 코트에서 연습하며 원 핸드 점프슛을 전파했다. 처음에는 반발이 있었지만 원 핸드가 투 핸드보다 자세를 잡는데 0.3~0.5초 정도 빠르며, 점프하기 때문에 막기 힘들다는 것이 밝혀지면서 빠르게 확산되었다. 이와 더불어 슈팅 자세와 각도 등에 관한 이론도 정립되기 시작했다. 이처럼 역사를 돌이켜볼 때, 세계의 흐름을 따라잡아 우리 것으로 만들고자 한 움직임은 과거에 더 적극적이지 않았나 싶다.

수비 발전을 불러온 점프슛

농구는 1954년 NBA가 공격을 24초안에 끝내야 한다는 24초 규칙을 만들면서 더욱 속도감을 더했고, 공격자들도 이에 맞춰 더욱 발전된 개인기를 선보였다. 그러자 수비수들도 바빠졌다. 공격을 어떻게 막아낼 것인가에 대한 고민은 결국, 수비수들의 발을 바닥에서 떼어놓았다. 초창기 농구인들 사이에서 금지된 점프가 농구의 일부가 된 것이다. 슬레이터 마틴 Slater Martin(레이커스), 멜 헛친스Mel Hutchins(피스톤스) 등은 점프 슈터를 수비할 때, 공격하는 선수의 얼굴 앞에 손을 갖다 대 시야를 방해하고, 그가 점프할 때 함께 뛰면 성공률을 크게 떨어뜨릴 수 있음을 몸으로 보여준 인물들로 평가된다. 특히 마틴은 마이칸을 도와 레이커스가 다섯 차례 NBA 우승(1950,

1952, 1953, 1954, 1958)을 거두는 데 기여했다.

여기서부터 역사가 더 재미있어진다. 이러한 수비수들을 떼어놓기 위한 슈터들의 움직임도 다양해진 것이다. 슈터 전술은 1960~1930년대 사이에 조금씩 기틀을 잡아갔다. 보스턴 셀틱스가 대표적인 팀으로 명예의 전당에 나란히 이름을 올린 밥 쿠지와 빌 셔먼은 오픈 찬스를 잡기 위해 부지런히 뛰어다녔고, 슛 거리를 늘려가며 수비를 당황케 했다.(그 당시에 3점슛은 없었다) 점프슛이 발전하면서 개인기가 좋은 선수들도 함께 빛났다. 1960~1974년까지 선수로 뛰면서 '미스터 클러치Mr. Clutch'라는 별명을 얻은 제리 웨스트Jerry West는 점프슛을 효과적으로 사용한 인물로 평가받는다. 그는 무척 빠르고, 드리블도 좋았기에 개인기로 상대를 흔들다 멈춰서 점프슛을 날렸으며 정확도도 무척 뛰어났다. 웨스트는 점프의 정점에서 슛을 던지면 더 정확하고 막기 힘들다는 것을 처음으로 보여준 인물로 남았다. 사람들은 그 슛을 '스탑-앤-팝Stop-And-Pop(갑자기 멈춘 후 점프해서 슛을 던지는 동작)'이라 불렀다. 한국에서는 신동파가 큰 키와 탄력을 이용해 최고 슈터로 거듭났다. 시대가 흐르면서 수비자를 속이거나 피하기 위한 방법 중 하나로 페이더웨이 점프슛Fadeaway Jumpshot도 등장했다. 수비자를 피해 뒤로 점프하면서 던지는 슛으로 블록을 하기가 대단히 어렵다. NBA에서는 마이클 조던이 1995년 복귀 후 자주 사용한 슛이다. 오늘날에는 코비 브라이언트가 자주 사용하며, 한국에서는 은퇴한 '사마귀슈터' 김영만과 추승균의 주무기이기도 했다.

3점슛의 등장

 이러한 득점방식은 3점슛이 농구에 도입되면서 더욱 다양해지고 재미를 붙여간다. 3점슛이 처음 등장했을 때, 언론과 농구인들은 '단신자의 비기秘機'라며, 작은 선수들이 장신에 대항할 수 있는 새로운 무기라고 평했다. 그러나 FIBA가 개최하는 국제대회에 3점슛이 처음 도입된 지 20여 년이 흐른 지금, 이제는 누구도 3점슛을 작은 선수들만의 무기로 보지 않는다.

 3점슛은 1984년 FIBA가 국제적으로 채택했고, 국내에서는 농구대잔치부터 도입됐다. 그러나 3점슛을 처음으로 시도한 건 FIBA가 아니었다. 3점슛이 시도된 첫 경기는 1945년 2월 7일, 콜롬비아 대학과 포드햄 대학 간의 경기였다. 이 경기는 맨해튼의 모닝사이드 하이츠 짐Morningside Heights Gym에서 열렸고, 기술위원회 위원들이 한 자리에 모였다. 경기에 사용된 규칙은 특이했다. 3점슛 거리라 해도 정면에서 던지면 2점으로 처리했고, 측면과 코너에서 던지면 3점으로 인정했다. 이 경기서 콜롬비아는 73:58로 승리했고, 양 팀은 도합 20개의 3점슛을 던졌다. 팬들의 반응은 좋았다. 점수가 제법 많이 나왔기 때문이다. 그러나 당시 「뉴욕 타임즈」의 기사에 따르면 코치나 관계자들은 복잡하다는 이유로 반대했다. 결국 3점슛은 단 한 경기에서 시범적으로 도입된 후 사라졌다. 이후 3점슛은 1961년에 NBA의 라이벌 단체였던 ABA(American Basketball

League)가 흥행을 위해 도입했고, 이어 이스턴 프로리그(Eastern Professional Basketball League)가 63/64시즌에 채택했다. NBA가 공식적으로 도입한 것은 79/80시즌부터였고, NCAA는 1980년이었다. 댈러스에서 3점슛 도입 찬반 투표를 했는데 이를 가장 강력하게 주장한 이는 고故 에드 스타이즈 박사다. 미국 「명예의 전당」에 헌액 된 그는 '3점슛의 아버지'라 불리며, 미국 농구계에서 한때 금지된 덩크를 부활시킨 인물로도 유명하다.

3점슛? 글쎄?

한국에선 3점슛 도입에 대한 찬반이 엇갈렸다. 자칫 '단신들의 만병통치약'이 될지 모른다는 우려 때문이었다. 많은 농구인들이 그 당시 분위기에 대해 한결 같은 증언을 남겼다. 국가대표 감독이었던 최인선은 "선수들이 오빠부대의 함성에 젖어들까 걱정을 많이 했다. 우리는 어떻게든 팀 동료들이 이해하지 않는 슛은 허용하지 않는 쪽으로 나아갔다"고 회상한다. 그러나 당시 선수들은 찬성했다. 그들에겐 '3점슛'이 있다는 것이 신기하면서도 고마웠다. 단 몇 센티미터 뒤에서 던지면 1점을 더 얻을 수 있었으니 말이다. 한국 최고 슈터로 불린 이충희도 그 중 한 명이었다. "작은 선수들에게는 분명 바람직한 변화였다. 처음 3점슛 얘기를 들었을 때 중국과 맞설 때 편하겠다는 생각을 했다. 3점슛은 신장이 작은 선수들에게는 혜택이었다." 일각에선 3점슛 거리가 멀어 선수들이 성공하기 어려울 것이라고 우려했지만 농구대잔치부터 정식 도입된 3점슛은 제법 괜찮은 적중률을 자랑하면서 팬들을 끌어 모았다. 멀리서 던져 깨끗하게 들어갈 때의 그 쾌감, 경기 막판에 점수 차를 뒤집을 수 있는 짜릿함 등이 농구에 새로운 재미를 더한 것이다.

패러다임의 변화

하지만 3점슛이 완벽한 무기로 자리를 잡는 데는 시간이 걸렸다. 처음에는 3점슛에 크게 비중을 두지 않았다. 거리가 멀고 확률적으로 성공률이 떨어질 수밖에 없었기 때문이다. 그래서 승부처에 던지는 것을 선호했다.

3점슛이 전술적인 면에서 완전히 자리 잡은 계기가 있다. 바로 88서울올림픽이다. 1988년 올림픽은 미국 농구계에 큰 충격을 안겨준 대회다. 바로 미국이 소련에게 82:76으로 패하면서 동메달로 밀려났기 때문이다. 소련의 리마스 쿠르티나이티스(196cm)는 3점슛 10개를 던져 4개를 적중시키면서 미국을 몰아냈다. 미국은 이 대회를 계기로 프로농구 선수들의 올림픽 출전을 추진했고, 1992년 바르셀로나 올림픽에 '드림팀'을 출전시켜 농구사에 획을 그었다. 또 외곽슛에서도 더욱 정교한 전술을 사용하기 시작했다.(1988년 올림픽에서 미국은 경기당 5개의 3점슛을 던져 2개 정도를 성공시킨 반면, 상대팀들은 15개의 3점슛을 던져 5-6개의 3점슛을 성공시켰다) 한국 농구계도 3점슛의 중요성을 다시금 깨달았다. "장신자들은 골밑 위주로 경기를 한다고만 생각했다. 그러나 소련 선수들의 외곽슛에 뒤통수를 얻어맞은 기분이었다. 아마 미국도 그랬을 것이다. 미국은 그때만 해도 3점슛을 많이 던지지 않았으니까" 최인선의 말이다. 3점슛의 활용도가 높아지면서 감독들에게는 새로운 전술이 생기고, 선수들에게는 새로운 기술이 생겼다. 3점슛 라인 안과 밖의 움직임에서도 변화가 생겼다. 돌파가 뛰어난 선수는 돌파하면서 밖으로 빼주고, 센터가 좋은 팀은 포스트에서 밖으로 빼주는 킥-아웃 플레이가 생겨났다. 한국에서는 센터플레이를 할 줄 아는 외국인선수가 등장하면서 킥-아웃 플레이가 더욱 활발해졌다.

막슛을 던진 사람들

선수들의 키는 커지고, 수비가 거칠어지면서 키가 작은 선수들은 살아남기 위한 무기를 개발해야 했다. 특히 한 시즌에 3-4번씩 경기를 해야 하는 리그전 경기에서는 금방 수를 읽히기 때문에 늘 절차탁마하는 것이 프로선수들이 가장 중요하게 여기는 부분이다. 그런 의미에서 키가 작은 선수들이 장신 선수들을 제치고 득점을 올리기 위해 내세운 득점 기술이 바로 플로터Floater다. 플로터란 레이업처럼 올라가다가 마치 훅슛처럼 한 손으로 휙 던져 넣는 기술이다. 플로터는 정석적인 자세가 없어 국내에서는 '막슛'으로 불리기도 하는 기술이다. 사실 플로터는 사용빈도에 비해 정확한 정의가 내려지지 않았다. 농구 코치들조차도 누가 가장 먼저 플로터를 사용했는지, 누가 플로터란 이름을 붙였는지 모르며, 그 어느 교본에도 '플로터'를 사용하는 방법에 대해 언급되어 있지 않다. 심지어 슈팅 교본에도 플로터는 나와 있지 않다. '정석적'인 폼과는 거리가 멀기 때문이다. 그러나 1960~1970년대 몇몇 선수들이 오버핸드 레이업 스타일의 플로터를 사용한 것으로 문헌에 언급되어 있는 것으로 짐작해볼 때, 플로터의 역사가 오래 되었음을 알 수 있다. 그 밖에도 최근 20년에 걸쳐 리너 Leaner(레이업처럼 떴다가 수비자에 기대며 던지는 슛), 스쿱슛Scoop Shot(플로터와는 반대로 볼링을 할 때의 자세처럼 국자 모양처럼 아래에서 위로 공을 올리는 기술) 등 다양한 기술들이 개발되어 선수들이 널리 사용하고 있다. 그러나 아직 한국에서는 이러한 기술들이 '정통'이 아닌 아류로 불리고 있다. 어설프게 사용하면 성공률이 낮기 때문이다. 하지만 키가 크지 않은 아시아 선수들이 국제대회 경쟁력을 키우기 위해서는 이러한 변칙 개인기를 계속 연마할 필요가 있다.

키 큰 선수들의 비기? 훅슛과 뱅크슛

작은 선수들에게 플로터 같은 무기가 있다면, 키가 큰 선수들에게는 훅슛Hook Shot이 있다. 영어로 '훅'은 갈고리를 뜻한다. 훅슛도 갈고리 모양처럼 높은 포물선을 그리며 던지는 슛으로 비록 손목을 이용하는 슛이긴 하지만 키가 크고 팔이 길수록 유리하다. 훅슛은 오히려 점프슛보다도 먼저 등장한 기술이다. 조지 마이칸(1950년대), 윌트 채임벌린과 빌 러셀(1960년대), 빌 월튼과 카림 압둘-자바(1970~1980년대) 등에 의해 발전해 왔다. 특히 218cm의 압둘-자바가 던진 훅슛은 '스카이 훅슛Sky Hook Shot'이라고도 불렸는데 성공률은 타의 추종을 불허했다. 그는 이 훅 슛을 발판으로 통산 38,387득점을 기록했다. 한국에서는 현재 프로농구 최고령 선수인 이창수(울산 모비스)와 2007년 은퇴한 표필상이 간혹 사용해왔다.

뱅크슛은 역사만 놓고 보면 점프슛보다도 앞서고 있다. 뱅크슛이란 백보드에 맞춰 넣는 슛이다. FIBA이 주관하는 정식 농구경기에 철제 백보드가 처음 설치된 것이 1896년이다. 이것이 목재로 바뀐 것이 1910년이었으니 이때부터 뱅크슛이 사용되었을 것이란 추측이 있다. 용어 자체가 뱅크슛은 아닐지라도 말이다 오늘날 우리가 농구를 배울 때도 먼저 백보드에 맞춰서 성공시키는 방법부터 배우고, 레이업을 배울 때도 먼저 백보드를 맞추도록 배운다. 가장 이상적인 각도는 45도다. 정면에서 일부로 림을 맞춰 넣기란 대단히 어렵다. 조금만 각이 삐뚤어져도 크게 튕겨 나오기 때문이다. 게다가 45도가 시야에서 가장 잘 보인다. 오늘날 NBA에서는 팀 던컨의 주 무기다.

슛 하나만 봐도 농구 기술의 발전사는 방대하다. 농구 경기를 보면서 슛을 던질 때의 모습뿐만 아니라, 수비자를 따돌리고 공을 잡기까지의 과정, 공을 잡은 뒤에 수비자를 따돌리는 여러 기술들을 눈여겨본다면 농구를 관람할 때든 직접 할 때든 많은 도움이 될 것이다.

승리의 길거름들: 리바운드, 블록슛, 스크린

우리 사회에는 블루칼라워커Blue Collar Worker라는 말이 있다. 사무직이나 전문직과는 달리 힘들고 궂은일을 하는 종사자들을 일컫는 말이다. 사회 발전을 위해서는 블루칼라워커들의 노력은 반드시 필요하다. 농구 경기에서도 그렇다. 늘 득점으로 돋보이는 이들만 있어서는 경기에서 승리하기 어렵다. 리바운드를 잡고, 상대의 슛을 저지하고, 득점원들을 더욱 돋보이도록 자리를 만들어주는 선수들도 있어야 한다. 농구계에서는 그렇게 돋보이지 않는 일을 하는 선수들을 일컬어 블루칼라워커라 한다. 이들의 역사는 곧 우승팀의 역사다. 그래서 농구계에서는 그들을 발굴하기 위해 오랫동안 노력해왔다.

리바운드를 제압하는 팀이 경기를 제압한다

리바운드의 시작

"농구는 센터하기 나름"이란 말은 농구계의 정설처럼 받아들여진다. 높이를 다투는 종목이기에 키가 클수록 유리하기 때문이다. 같은 재능을 지닌 선수라면 스카우트들은 키 큰 선수를 선호한다. 키는 지도자의 힘으로 고칠 수 없는 부분이기 때문이다. 이는 키가 큰 선수에게 조금이라도 어린 나이일 때 농구를 제대로 가르치고자 하는 이유이기도 하다. 그렇다면 키가 커서 팀에 도움이 될 수 있는 부분으로는 무엇이 있을까? 먼저 리바운드를 꼽을 수 있을 것이다. 리바운드는 우리 팀이, 혹은 상대팀이 실수로 놓친 공을 다시 잡는 것이다. 리바운드는 우리 팀이 또 한 번 공격할 기회를 얻을 수 있기 때문에 경기의 승패를 판가름하는 중요한 요소다.

통산 11번의 NBA 우승에 빛나는 빌 러셀(208cm)이 1956년에 보스턴 셀틱스에 합류했을 때, 감독 레드 아워백이 그에게 내린 지시는 단 하나였다. "리바운드 한 개를 한 골처럼 생각하라." 반드시 리바운드를 잡아서 동료에게 패스하라는 것이었다. 1950년대 흑인이라는 이유로 동료들과 밥조차 함께 먹지 못한 러셀은 그 임무에 사활을 걸었다. 아워백 감독도 셀틱스 선수들에게 "러셀이 잡은 리바운드를 존경하라"고 지시했다. 덕분에 셀틱스는 NBA에서 가장 강력한 속공의 팀이자 수비의 팀이 되었고, 러셀은 원로 기자들 사이에서 역대 최고의 센터로 평가받고 있다. 통산 최다득점(38,387점)을 기록한 카림 압둘-자바는 언젠가 "경기에서 이길 수 있는 방법이 무엇인가?"라는 질문에 이렇게 답했다. "간단하다. 리바운드를 제압하면 된다." 농구 역사상 리바운드는 훌륭한 득점원들을 더욱 빛나게 해주었고 수많은 승자를 배출했다. 그렇다면 이러한 리바운드는 언제부터 강조되었고, 어떻게 등장하게 되었을까?

골밑에서의 궂은일은 팀 사기를 고취시킨다.

리바운드를 얘기할 때도 농구 규칙의 변천사를 살펴봐야 한다. 초창기 농구 경기에서는 골을 넣으면 다시 가운데로 돌아와 점프볼로 공격과 수비를 결정했다. 베이스미스 박사가 축구의 킥-오프처럼 동등하게 두 팀에게 기회를 주려고 했기 때문이다. 그래서 초창기 농구에서 장신자들의 역할은 점프볼을 하는 것에 한정되어 있었다. 점프볼에서 지면 한 번도 공격 기회를 못 얻어 퍼펙트게임으로 끝난 경우도 많았다.

지금처럼 골을 넣으면 공격과 수비가 바뀐 것은 1936년부터였다. 빠른 진행을 위해서였다. 시간이 흐르면서 농구팀들은 더 빠르고 효율적으로 공격하는 방법을 찾았고, 그 과정에서 리바운드가 탄생했다. 리바운드가 공식 기록으로 인정받기 시작한 것은 1950년이다. 시라큐스의 센터 돌프 쉐이즈(203cm)는 평균 16.4개를 잡으며 초대 리바운드 1위에 올랐는데, 그가 잡은 리바운드 숫자가 팀 리바운드의 90% 이상을 차지한 적도 많았다. NBA 한 경기 최다 리바운드 기록은 55개(1960년, 윌트 채임벌린)다. 이는 한 팀이 아닌, 개인이 작성한 것이다.

그 밖에도 대다수 리바운드 기록은 1950~1960년대에 만들어졌는데, 이는 당시 제도 때문이었다. 사실 1954년까지 NBA는 공격에 제한시간을 두지 않았다. 그래서 키 큰 선수를 보유한 팀은 골대 앞을 겹겹이 둘러싸 공격을 어렵게 만들었다. 그러자 공격자들도 머리를 쓰기 시작했다. 아예 패스조차 하지 않고 가만히 서 있었던 것이다. 상대가 답답해서 쫓아 나오거나 수비를 바꾸도록 하기 위함이었다. 혹은 드리블을 잘 하는 사람이 요리조리 피해 다니면서 시간을 끌었다. 그래서 나온 점수가 1950년의 19:18(포트웨인:미니애폴리스)이었다.

관중들은 지겨운 경기에 치를 떨었다. NBA는 결국 공격 속도를 빠르게 하기 위해 24초 제도를 도입했는데, 많은 팀들이 적응하는 데 엄청나게 애를 먹었다고 한다. 공격 횟수는 늘고, 슛 시도는 잦았는데 성공률은 극도로 떨어진 것이다. 이렇게 많은 슛이 실패하니 리바운드가 많아지는 것은 당연지사. 채임벌린은 60/61시즌에 평균 27.2개의 리바운드를 잡았고, 러셀은 현역 통산 리바운드가 평균 22.5개였다.

그렇지만 24초 제도에 선수들이 적응해가면서 리바운드는 발전을 거듭했다. 공격 리바운드의 중요성이 강조되었다. 휴비 브라운과 같은 감독들은 리바운드를 위한 전술을 따로 만들기도 했다. 체임벌린·러셀 시대에 이어 1970년대에는 모지스 말론과 압둘-자바가 최고의 리바운더로 등극했다. 1980년대에는 벅 윌리엄스, 빌 레임비어, 찰스 바클리, 마이클 케이지 등이 명성을 떨쳤다. 특히 LA 클리퍼스에서 뛰던 케이지는 87/88시즌에 찰스 오클리(시카고 불스)와 치열한 경합 끝에 평균 0.03개 차이로 리바운드 타이틀을 따내는 등 공방전이 치열했다. 1990년대에는 데니스 로드맨의 시대였다. 다른 훌륭한 리바운더들도 많았지만 기술이나 운동능력, 기본기, 집념 등을 종합해서 볼 때 1990년대에만 일곱 번이나 리바운드 1위에 오르고, 세 번이나 우승(통산 5회 우승)을 거머쥔 로드맨의 아성을 깨뜨릴 자가 없다. 최근에는 벤 월라스, 케빈 가넷 등 포워드들이 강세를 보이고 있다.

리바운드는 승리자를 만들어낸다

"공격 리바운드를 강조하는 것은 당신의 팀이 다른 팀에게서 존경받을 이유를 하나 더 갖는 것과 같다"는 명구가 있다. "리바운드를 많이 잡는 팀이 경기에서 승리한다"는 말도 유명한 격언이다. 모두 리바운드에서 승리해 경기를 따낸 감독과 코치들의 입에서 나온 말이다.

리바운드는 공격 리바운드와 수비 리바운드, 팀 리바운드로 나눌 수 있다. 공격 리바운드는 우리가 공격하면서 실수한 슛을 다시 잡아내는 것이다. 이 경우 공격 기회가 한 번 더 생기

므로 우리 팀에게는 절대 유리하다. 그 때문에 "세컨드 찬스 득점이 성공할 경우에는 4점의 효과가 있다"는 말도 있다. 수비 리바운드는 상대가 실수한 공을 잡아내는 것이다. 이때 공수전환이 빠른 팀들은 속공을 노려볼 수 있다. 팀 리바운드는 개인이 잡아냈다기보다는 탭-아웃과 같은 상황에서 형성된 리바운드다. 운이 잘 따랐다고도 볼 수 있고, 팀워크가 잘 맞았다고도 볼 수 있다.

1980년대 LA 레이커스와 1990년대의 뉴욕 닉스는 리바운드를 가장 잘 활용한 팀이다. 팻 라일리 감독이 이끈 두 팀의 색깔은 극과 극이었다. 레이커스는 화려함이 주무기였다. 포인트가드 매직 존슨이 지휘하는 속공 농구는 '쇼타임Show time'이란 찬사를 받았다. 반면 닉스는 끈적끈적한 골밑 중심의 농구였다. 그러나 두 팀에 공통점이 있다면 리바운드가 강했다는 점이다. 라일리가 자나 깨나 리바운드를 강조한 덕분이었다. 사람들은 닉스가 얼마나 공수전환이 정확하고 빨랐으며, 속공 마무리가 화려했는지 기억하지 못한다. 특히 포인트가드 마크 잭슨이 1992년 LA 클리퍼스로 트레이드되기 이전의 닉스 속공은 레이커스 못지않은 화려함과 박력이 있었다. 그걸 가능케 한 것은 바로 리바운드와 수비였다. 매직 존슨도 "사람들은 우리가 마냥 달리는 농구를 한 줄 알지만, 그 바탕에는 리바운드가 있었다"고 반박한 바 있다.

매직 존슨은 리바운드 신봉자다. 그는 자신의 경험을 바탕으로 리바운드가 얼마나 중요한지 역설한다. "어렸을 때 나는 리바운드를 등한시했다. 득점과 패스에서 돋보이면 어느 정도 용서받을 것이라 생각했다. 고등학교, 대학교에 진학하면서 선수들이 갈수록 커지고, 거칠어지면서 나는 리바운드를 너무나 귀찮게 여기기 시작했다." 매직의 말이다. 그러나 프로데뷔 후 우승을 노리던 매직의 발목을 붙잡은 것이 바로 리바운드였다. 1981년 플레이오프에서 레이커스는 '트윈타워' 하킴 올라주원과 랄프 샘슨이 이끄는 휴스턴 로케츠에 무너졌다. 1983년 결승에서도 그 해 리바운드 왕, 모지스 말론이 골밑을 휘저은 필라델피아 76ers에 패했다. 그때 이후로 매직은 결코 리바운드를 등한시하지 않았다.

리바운드는 동료 의식을 고취시키고 믿음을 주는 효과가 있다. 그래서 리바운더들은 '블루칼라워커'라 불리며 동료들에게 무한한 신뢰와 인정을 받는다. 반대로 외곽이 약한 팀은 십중팔구 리바운드가 약한 팀이다. "내가 실수해도 반드시 잡아줄 것"이라는 믿음을 주는 리바운더가 없으면 슛에도 자신이 없어진다.

KBL 우승팀들의 지난 기록을 돌아봐도 리바운드가 얼마나 중요한 지 알 수 있다. 모두 리바운드에서도 좋은 성적을 기록한 팀이었기 때문이다. 수원대학교 박제영 교수가 시즌마다 발표한 논문「한국 프로농구 경기의 승·패 요인 분석」에는 '승·패에 영향을 미친 가장 중요한 요소는 리바운드'라는 통계가 있다. KBL 원년 챔프, 부산 기아는 공격 리바운드 1위(235개)였고, 1998년 대전 현대도 2위였다. 2006년 울산 모비스가 정규시즌 내내 1위를 지켰음에도 정작 챔피언 전에서 서울 삼성에게 무너진 것도 리바운드 싸움에서 완패했기 때문이었다. 결국 모비스를 이끌던 유재학 감독은 외국인선수 한 자리를 장신센터 크리스 버지스에게 맡기면서 그 다음 시즌인 06/07시즌에 통합 우승으로 전년도 패배를 만회했다.

리바운드를 잘 하려면?

리바운드를 잘 하기 위한 조건으로 크게 다섯 가지를 꼽을 수 있다.

첫째는 포지션(Position, 위치)이다. 리바운드에 유리한 자리를 예측하고, 자리를 지키기 위해 적극적인 몸싸움과 박스아웃(골밑 반원 속으로 상대팀이 들어오지 못하도록 버티고 있는 것)이 필요하다. 둘째는 스탠스(Stance, 자세)다. 다리, 무릎, 팔꿈치, 눈, 손과 같은 신체의 균형이 중요하다. 셋째는 어프로치(Approach, 공을 향한 접근)다. 선수들이 바닥에서 발을 박차고 뛰어오르는 최초의 동작은 빠르고 공격적이어야 한다. 다음으로 중요한 것은 리커버리(Recovery, 회복)다. 리바운드 후 공을 지키고, 다음 동작으로 연계가 빨라야 한다.

그러나 무엇보다 중요한 것은 역시 '의지'다. 반드시 잡겠다는 공을 향한 의지 없이는 결코 좋은 리바운더가 될 수 없다. 농구 교본을 살펴봐도 리바운드 기술보다도 먼저 언급하는 것이 바로 정신적인 측면이다. 지도자들은 "농구선수가 의지만 있다면 리바운드는 언제든 습득할 수 있는 것"이라 말한다. 1992년 미 대학농구 「올해의 감독」상을 수상한 조지 레블링 코치는 "용기와 자긍심, 지지 않겠다는 신념만 있다면 리바운드는 반드시 잡을 수 있다. 신장과 점프력은 부가적인 것일 뿐이다"라고 강조한다.

리바운드 왕이 될 수 있었던 비결

1975년에 리바운드 타이틀을 차지한 웨스 언셀드(전 워싱턴)는 레블링 코치의 말을 잘 뒷받침해준다. 언셀드는 겨우 201cm의 키로 귀신처럼 리바운드를 걷어냈기 때문이다. 딱 벌어진 어깨와 힘이 인상적인 그는 "공중에 있는 공은 다 내 것"이라 생각하고 뛰어오르는 것이 가장 중요하다고 강조했다.

키가 208cm에 불과한 모지스 말론도 자타가 공인하는 노력파다. 그는 요즘 선수들처럼 팔이 길다거나 운동능력이 뛰어난 선수가 아니었다. 대신 큰 몸과 힘으로 상대를 제압했다. 웨이트 트레이닝이 흔치 않았던 시절에도 몸만들기에 충실했고, 박스아웃에서 상대를 압도하는 능력이 탁월했다. 혹자는 "농구 역사상 가장 영리한 리바운더 중 한 명"이라는 수식어를 붙이기도 한다.

로드맨도 마찬가지였다. 그는 정신력이 뛰어났다. 로드맨의 의지는 '집념'이라고 봐도 과언이 아니다. 경기 전에 상대의 슈팅 습관을 파악하고 나왔다는 그는 공이 떨어지는 지점을 정확히 예측해 공을 낚아챘다. 때로는 플레이가 지저분하다는 비난을 받기도 했지만, 동료들은 복덩이처럼 여기지 않았을까?

이들이 리바운드 능력을 하루아침에 만들었다고 생각하면 오산이다. 리바운드도 끊임없이 생각하고 고민해야 한다. 프로 구단에서도 리바운더들을 위한 훈련 코스(drill)를 준비해 그들을 단련시키고 있다. NBA에서는 많은 빅맨들이 개인 트레이너를 고용해 박스아웃과 리바운드 후 공 키핑 동작 등을 연마하고 있다. 리바운드야말로 빅맨들이 빛날 수 있는 가장 큰 요소이기 때문이다. 단순한 일 같지만 여간해서는 빛나지 않는 작업이 바로 리바운드다. 블루칼라워커의 분야 중 하나인 이 리바운드 하나에 수많은 팀의 명암이 엇갈려왔고, 이는 앞으로도 변함없을 것이다.

화려한 수비의 꽃, 블록슛

슛을 저지하라! 블록슛의 매력

그런가하면 블록슛은 수비할 때 아주 중요한 요소로 작용한다. 상대 슛을 저지하는 것이 주임무지만 위력적인 블로커가 있기에 상대는 쉽사리 공격할 수가 없다. 굳이 블록을 기록하지 못한다고 하더라도 이는 엄청난 위협요소가 될 수 있고 이런 선수들은 대개 골밑 수비에도 강하다. 덕분에 이런 선수들을 보유한 팀은 강한 수비팀으로 평가받는다.

하지만 초창기에는 점프하는 것을 금기시했기에 블록이라는 기술 자체가 예의에 어긋나는 일로 여길 때도 있었다. 빌 러셀은 "고등학교 때는 블록을 하니까 코치님께서 '앞으로는 하지 말라'고 혼을 내셨다"고 회고한다. 러셀처럼 압도적인 선수가 아닌 이상, 흑인들이 1950~1960년대까지는 인종차별 때문에 농구팀에서 기용되는 일이 거의 없었다는 사실도 블록 발전이 상대적으로 다른 기술보다 더뎠다는 것을 유추하게 해준다.

1920~1940년대에도 훌륭한 블로커들이 있었지만, 그 블록들이 숫자로 남아있지 않고, 영상자료도 없기 때문에 구체적인 활약을 언급하기에는 부족하다. 다만 흑인들이 골밑을 지배하기에 앞서 긴 팔로 수비에서 재능을 발휘하던 백인들은 기록에 남아있다. 대표적인 선수가 바로 최초의 장신센터, 조지 마이칸(208cm)과 밥 컬랜드(213cm)다. 두 선수는 1940~1950년대에 큰 신장과 긴 팔로 상대 슛을 저지하며 명성을 떨쳤다. 이들을 활용한 구단의 지역방어는 그야말로 위력적이었다고 한다. 게다가 초창기에는 페인트존이 6피트로 매우 좁았기 때문에 장신자들이 밑에 서있으면 대책이 없었다. 결국 NBA는 마이칸의 위력적인 플레이를 견제하기 위해 1951년에 페인트존을 6피트에서 12피트로 늘렸다. 그러나 마이칸의 위력은 변함이 없었다.

골밑을 지배한 두 남자

마이칸 이후에는 더 위력적인 빅맨들이 등장했다. 빌 러셀과 월트 채임벌린이 그들이다. 샌프란시스코 대학에서 위력을 떨친 러셀은 득점보다는 수비와 리바운드, 블록슛으로 유명한 선수였다. 기록이 남지는 않았지만 경기당 10개의 블록은 충분히 해냈을 것이라는 의견이 지배적이다. 한 전문가는 "러셀의 장점은 직접 블록을 쳐내는 것도 있지만, 상대 실책을 유도하는 모션에 있었다"고 말한다. 1956년에 보스턴 셀틱스에 입단한 러셀은 그 능력을 한껏 발휘했다. 속공농구의 원조라 불리는 레드 아워백은 통산 평균 리바운드가 22.5개에 이르고, 블록이 뛰어난 러셀을 이용해 셀틱스를 화끈한 공격력을 지닌 팀으로 탈바꿈시켰다. 또 셀틱스에는 포인트가드의 원조라 평가받는 밥 쿠지나 빌 셔먼과 같은 최고의 볼핸들러이자 득점원이 있었기에, NBA 역사상 처음으로 평균 100점을 넘긴 팀이 될 수 있었다. 그의 라이벌이자 동반자였던 채임벌린도 만만치 않은 선수였다. 채임벌린은 공격에서 두각을 드러낸 센터로 기억되고 있지만, 블록 자체는 채임벌린이 러셀보다 많았다고 한다. 단지 차이점은 러셀의 블록은 속공으로 이어졌고, 채임벌린의 블록은 아웃-오브-바운스 되는 경우가 많았다.

최초의 블록슛 리더

NBA에서 블록슛이 공식기록으로 인정받은 것은 73/74시즌부터였고, 최초 수상자는 LA 레이커스의 엘모어 스미스(시즌 평균 4.85개)였다. 이때부터 NBA는 최소 70경기 이상 뛴 선수들을 블록슛 순위에 올렸다.

엘모어 스미스는 1973년 디트로이트 피스톤스와 치른 경기에서는 무려 17개의 블록을 기록했고, 그 밖에도 수차례 블록슛 기록을 서 줬다. 그는 1973년 10월에는 포틀랜드를 맞아 전반전에만 블록슛 11개를 기록하는 등 골밑의 공포로 자리 잡았는데, 첫 타이틀 이후로는 그리 두각을 드러내지 못했다. 오히려 스미스보다 더 위력적인 블로커로 활약한 선수는 카림 압둘-자바였다. 득점, 리바운드, 어시스트, 블록 등 못 하는 것이 없었던 그는 74/75시즌에 역대 두 번째 블록슛 리더로 오른 뒤 무려 세 번이나 더 블록 타이틀을 차지하면서 이 부문 1위에 이름을 올렸다. 그 밖에 조지 존슨, 빌 월튼, 아티스 길모어 등 1970년대를 수놓은 빅맨들이 블록 부문을 이끌었다. 이들 모두 블록뿐 아니라 리바운드나 득점에서도 심상치 않은 활약을 펼친 선수들이었다.

NBA의 새로운 경향

블록이 미치는 영향이 깊이 연구되면서 NBA의 스카우트 경향도 달라졌다. 그들은 엄청난 장신선수들을 스카우트하는 데 열을 올렸다. 흔히 말하는 '스페셜리스트'들이 여기에 해당한다. 1970년대에 등장해 무려 18년간 NBA선수로 활약한 트리 롤린스(216cm)는 통산 2.20블록을 기록하고 있는데, 그 외 부분은 통산 5.4득점, 5.8리바운드에 불과했다. 그야말로 박스 아웃을 돕고 블록을 하는 등 궂은일에만 전념한 선수였던 것이다. 그는 18년간 뛰면서 한 번도 평균 9점 이상을 기록한 적이 없다. 하지만 1983년에는 디펜시브 세컨드 팀, 1984년에는 디펜시브 퍼스트 팀에 이름을 올렸고 4.29개의 블록으로 리그

1위(1983년)에 이름을 올리기도 했다. 그러나 그는 1979, 1980 년에는 파울-아웃 1위를 기록하기도 했는데 그만큼 다른 기술은 훌륭하지 못했다.

1983년에는 마크 이튼이 등장했다. 224cm의 장신 센터인 이튼은 UCLA 대학출신으로서 유타 재즈에서 1993년까지 활약했다. 그의 존재 이유는 블록과 수비를 위한 것이었다. 키가 너무 큰 나머지 기동력도 좋지 않았고 부상도 잦았던 이튼이었지만 블록슛만큼은 특출했다. 그의 통산블록은 3.50개로 역대 평균기록 부문 1위에 올랐고, 두 번이나 2시즌 연속 블록슛 1위를 기록했다. 83/84시즌에 평균 실점이 113.8점으로 꼴찌에서 네 번째였던 유타는 이튼 데뷔 후 점진적으로 수비력이 좋아져 87/88시즌부터 그가 은퇴할 때까지 계속해서 실점 부문 TOP5에 이름을 올렸다. 비록 이튼이 있을 때 단 한번도 NBA정상에 근접하지 못한 유타였지만, 이 정도라면 장신센터를 둘 이유는 충분하지 않을까?

그 뒤로도 NBA에는 역대 최장신 마누트 볼과 숀 브래들리 등이 선을 보였다. 이들은 원정길에서는 늘 'Freak(괴물)'이라는 야유를 들어야 했지만, 성격이 순했고 자신의 임무에서만큼은 돋보이는 활약을 보였다. 수단 출신으로서 키가 너무 커서 가만히 서서 덩크를 꽂을 수 있던 마누트 볼은 서 있는 것 자체가 수비하는 것이었다. 덕분에 짧고 가는 경력에도 많은 블록 기록을 세울 수 있었다. 그는 85~86시즌에는 평균 4.97 블록으로 역대 1위 기록을 세웠고, 한 쿼터에서만 8개의 블록을 기록하는 등 몸값을 톡톡히 했다. 229cm의 브래들리는 허리와 무릎 부상이 잦아 큰 활약은 없었다. 하지만 키를 살린 블톤은 재능을 발휘했고, 2000년대 들어 NBA가 지역방어를 부활시킨 뒤에는 댈러스 매버릭스 2:3 지역방어의 축으로 기용되어 효과를 봤다. 볼이나 이튼만큼 장신은 아니였지만 포틀랜드에서 뛴 크리스 더들리나 짐 메킬베인 등도 유능한 블로커였다. 이중 더들리는 'NBA 역사상 최악의 자유투 슈터'라는 오명에도 오랫동안 NBA 주전센터로 뛰며 수비력을 발휘했다. 메킬비인은 1996년에 시애틀 소닉스 합류 당시 에이스였던 숀 켐프보다도 많은 돈을 받아 켐프와 불화가 생기기도 했다. 장신 선수들이 그 정도로 좋은 대접을 받았음을 보여주는 대목이다.

골밑을 위협하는 작은 스타들

1990년대는 굳이 언급하지 않아도 될 것 같다. 하킴 올라주원, 파트릭 유잉, 디켐베 무톰보, 알론조 모닝, 샤킬 오닐, 데이비드 로빈슨 등 최고의 센터들이 황금기를 보낸 시기가 바로 1990년대니 말이다. 이 중 올라주원은 12년 연속으로 한 시즌 200블록을 기록하면서 이 부문에서 전무후무한 기록을 세웠고, 블록에 성공한 후 손가락을 거만하게 흔들어댄 무톰보는 1990년대 최우수 수비수상을 독식했다. 최근에는 장신자 말고도 블록에서 기량을 뽐내는 선수들이 늘고 있다. 이는 운동능력이 좋아지면서 나타난 결과라 할 수 있다. 케빈 가넷이나 벤 월라스, 저메인 오닐 등은 블록슛의 계보를 잇는 선수들이다. 안드레이 키릴렌코, 숀 메리언 등도 탄력과 센스가 바탕이 된 블록슛 능력으로 각광받고 있다. 특히 러시아 출신의 키릴렌코는 농구 기록의 '꽃' 중 하나인 '5x5'를 기록할 수 있는 선수 중 한 명이다. '5x5'란 득점-리바운드-어시스트-블록-스틸에서 5개 이상의 수치를 기록하는 것이다. 탄력과 함께 팔이 길고 머리가 좋기에 이런 기록 달성이 가능했다.

블록슛의 요령

젊고 유능한 선수들에 대해 감독들이 우려하는 부분이 하나있다. 바로 기본기와 요령이 부족하다는 것이다. 유타에서 20년 가까이 칼 말론과 존 스탁턴을 지도했고, 통산 1,000승 고지를 돌파한 제리 슬로언 감독은 "요즘 선수들은 운동능력에 너무 의존한다. 정확하게 타이밍을 읽고 저지하거나, 침착하게 쫓아가서 타이밍을 빼앗기보다는 같이 떠서 막아내려 한다. 이러면 파울을 당하거나 부상을 입을 수 있다. 골텐딩(슈터가 던진 공을 정점 이후 낙하하는 타이밍에 쳐내는 것으로, 이때는 슛의 성공 여부에 관계없이 무조건 2점을 상대에게 내줘야 한다. 장신 선수들이 무분별하게 슛을 방해하는 것을 방지하기 위한 제도다)을 할 때도 많고, 거친 플레이가 나와 시비가 붙을 수도 있다. 또 아웃-오브-바운스가 나와도 결국 우리에게 손해다"라며 일침을 가한다. 선배들은 블록은 경험과 연구하는 자세가 중요하다고 강조한다. 부단히 노력해 상대를 저지하라는 것이다. 무톰보와 모닝 등은 재능도 타고 났지만 "센터의 산실"이라는 조지타운 대학에서 성실한 자세로 철저히 받은 훈련을 받은 것이 큰 몫을 했다. 그러나 블록은 개인의 성과가 아니라는 시각도 있다. 물론 원 맨 속공에서 상대를 쫓아가 블록하는 것은 개인 능력이 크게 좌우하지만 팀 디펜스에서는 다르다. 블록이 많이 나오는 팀이나 유능한 블로커가 있는 팀은 블로커를 철저히 살려준다. 즉 한쪽으로 몰아넣는 도움 수비가 빛을 발한다는 것이다. 이 과정에서 스틸도 나올 수 있고, 트레블링이나 오펜스 파울 같은 실책을 유도할 수 있다. 앞서 말한 유타가 마크 이튼의 합류 후 수비에서 발전을 이룬 것도 같은 맥락으로 보면 좋을 것이다. 김주성과 자밀 왓킨스의 '트윈 타워'가 빛났던 원주 동부도 마찬가지다. 김주성은 "끈질기게 수비하려는 자세로 경기에 임할 때 블록슛을 하기 좋은 찬스가 나고 확률도 높아진다. 가장 중요한 부분은 역시 최선의 수비라고 생각한다"라고 말했다.

스크린, 기록되지 않는 공헌

합법적인 진로 방해

전천후 득점기계 래리 버드, 클러치 슈터 레지 밀러의 3점 슛, 정상급 중거리 슈터 리차드 해밀턴, 최고의 득점기계 앨런 아이버슨. 이들의 가공할 만한 득점포는 수많은 NBA 팬들을 울리고 웃기며 인기 상승의 견인차 역할을 해왔다. 그러나 그 뒤에는 묵묵히 기회를 돕기 위해 일한 이들이 있다. 바로 스크리너Screener들이 한 번의 동작으로 스타들의 기회를 도왔다.

원로 농구인 이우재는 스크린에 대해 이렇게 설명한다. "스크린은 농구 경기 중에서 공격자가 합법적으로 할 수 있는 유일한 진로 방해 동작이다."

델 해리스(현 댈러스 매버릭스 코치)가 자신의 저서에서 한 말도 스크린을 이해하는 데 도움이 될 것 같다. "상대와 부당한 접촉 없이 상대가 원하는 위치로 이동하는 것을 지연(Delay)시키거나 방지(Prevent)하는 적합한 행위."

농구전문가 딕 바이텔은 "드리블러나 예정된 리시버(패스를 받는 사람)를 편하고 자유롭게 만드는 동작"이라 설명한다.

이러한 스크린은 언제부터 행한 것일까? 스크린이 언제, 어떻게 도입되었다는 문헌자료는 거의 없다. 점프슛, 패스, 혹은 농구규정 등은 국내외에서 활발히 소개되고 연구되었지만, 대부분의 원로 농구인들은 그 시기를 정확히 알지 못했다. 한국에 도입된 시기만 해도 엇갈리는 증언이 많았다. 그 사실만 기억할 뿐이다. 그러나 조사결과 농구가 시작될 무렵부터 스크린은 용어가 정립되지 않은 상태에서 계속 사용된 것을 알 수 있다.

스크린 탄생의 이유

스크린이 생긴 이유는 크게 두 가지로 볼 수 있다.

첫째는 전술적인 개념이다. 공격과 수비는 상호보완적인 작용을 하면서 현대 농구를 발전시켜왔다. 슛을 점프해 쏘자 수비수들도 새로운 수비방법을 생각해냈다. 픽-앤-롤이 등장하자 이를 막기 위한 다양한 수비전술이 생겨났다. 맨-투-맨과 지역방어로도 막을 수 없는 선수가 등장하자 이를 혼용한 수비 작전이 탄생했다. 스크린도 득점원들이 계속해서 막히자 이를 커버하기 위해 합법적으로 도입된 방해동작이었다.

둘째는 흥미를 위해서다. 예전에는 키 큰 사람이 있는 팀이 절대 유리했다. 하지만 키 큰 사람만 계속 재미를 보고, 점수가 잘 안나니 재미가 없었다. 결국 공격자를 살리고자 하는 의도와 더 나아가 농구의 흥미를 배가하려는 의도로 스크린이 생겼다.

결국 농구경기에서 드리블이 허용되고, 점프슛이 탄생하고, 콤비 플레이가 활성화되면서 전술적 개념으로서 스크린이 탄생했다고 볼 수 있다. 이 스크린플레이는 지역방어가 프로농구에서 사라지면서 활성화되었다. 또 득점원과 절묘한 조화를 이루면서 득점의 3대 요소(개인기, 커팅, 스크린)로 자리 잡았으며 이제는 거의 모든 전술에 스크린이 들어가게 됐다. 스크린의 종류나 스크린이 활용된 전술, 이를 커버하기 위한 수비전술에 대해 쓰자면 100쪽도 모자란다. 이제는 "스크린이 없으면 농구가 안 돼"는 세상이 되었다.

훌륭한 스크리너들

그러나 스크린은 골밑의 박스아웃만큼이나 중요하면서도

종종 간과하기 쉬운, 팬들 사이에서 인정받지 못하는 동작이며, 쉽고도 어려운 동작이다. 여자프로농구(WKBL) 우리은행의 박건연 감독은 "프로선수들임에도 스크린에 대한 개념과 기본기가 부족한 선수들이 많다"고 지적한다. 스크린은 단순히 서 있기만 하면 되는 것이 아니다. 어디로 가서 어떤 방향에 서야 수비수가 그 스크린에 걸릴지, 공격자가 편하게 움직일 수 있을지, 다른 공격자들이 편하게 후속 움직임을 할 수 있을지 철저히 연구해야 한다.

그런 면에서 그렉 포포비치 감독이 이끄는 샌안토니오 스퍼스, 래리 브라운 감독이 이끌던 인디애나 페이서스와 디트로이트 피스톤스, 2000년대의 새크라멘토 킹스 등은 본받을 점이 많은 팀이다. 이들은 스크린을 활용한 다양한 전술로 득점원을 살려왔다. 그리고 팀의 장신자들은 아무런 불평 없이 스타들의 슛 기회를 만드는 데 도움을 줬다.

리차드 해밀턴에게 기회를 만들어준 벤 월러스, 앨런 아이버슨을 위해 스크린을 선 디켐베 무톰보도 서로 상호작용하면서 팀 승리를 도운 블루칼라워커들이다. 레지 밀러도 선수 경력 내내 릭 스미츠, 데일 데이비스와 같은 스크리너들에게 고마움을 느낀다고 말한 바 있다.

반대로 경험이 부족한 어린 신인들은 이 스크린 하나 때문에 감독들을 골치 아프게 한다. 스크린을 설 자리를 못 잡거나 때를 놓쳐 흐름을 깨고, 혹은 스크린을 서다가 공격자 파울을 범할 때도 있기 때문이다. 감독들이 '농구아이큐'를 고

집허는 이유도 이 때문이다. 운동능력은 가능성을 말해주지만 전체 흐름을 이해할 수 있는 능력이 없다면 작은 스크린 기회를 잘 사용해서 효과적으로 2점을 따내는 데 도움이 될 수 없기 때문이다.

그렇다면 좋은 스크리너는 어떤 공통점을 지녔을까?

먼저, 스크리너는 우직해야 한다. 정말로 '벽'이 되었다고 생각해야 한다. 상대 수비수의 도발에 넘어가서는 안 된다. 그 다음은 후속 동작이다. 롤, 슬립, 팝-아웃 등 자신의 장기와 감독의 요구에 따라 확실히 움직여야 한다. 스크린을 해놓고도 빨리 빠져주지 않아 오히려 수비자를 편하게 해주는 스크리너들도 많다. 스크린을 받는 역할도 중요하다. 실제로 드웨인 웨이드는 데뷔 초기만 해도 스크린을 제대로 활용하지 못했다. 스크린을 받기 이전의 컷 동작에서는 확실히 수비수를 떨어뜨릴 수 있는 속임수(Fake)가 필요하다. 밀러나 리차드 해밀턴, 레이 앨런은 슛 동작도 확실하고 속도와 균형도 탁월했지만 다양한 페이크 동작으로 수비수를 머리 아프게 했다. 웨이드는 초반만 해도 '안 하느니 못한' 커팅으로 수비수를 쏠리게 만드는 실수가 잦았다.

연습 시간이 부족해서 생긴 전술

스크린이 들어간 가장 기본적인 콤비 플레이는 바로 픽-앤-롤Pick-And-Roll이다. 오늘날 세계 농구계의 필수경향으로 자리 잡은 이 픽-앤-롤은 가장 간단해 보이지만 쉽게 막지 못하는 주무기다. 픽-앤-롤이 국내에 널리 알려지기 시작한 것은 1990년대 유타 재즈 덕분이다. 델 해리스 코치는 "3점슛이 도입되고, 선수들의 슛 기량이 좋아지면서 갑자기 유행처럼 되었다"라며 NBA의 픽-앤-롤 경향에 대해 설명한다.

픽-앤-롤의 시작은 1910년대 농구 규칙 중 '드리블러도 슛을 던질 수 있다'는 규정이 생기는 등, 드리블러에 대한 규칙이 관대한 무렵으로 거슬러 올라가 찾아볼 수 있다. 당시 스포츠 팀들은 농구, 야구 할 것 없이 구색은 갖추었으나 많은 시합수와 잦은 이동에 비해 연습할 시간이 부족했다. 그러다 보니 시합 중에 두 명이 수신호나 암호로 콤비 플레이를 펼쳤는데, 백도어Back Door, 기브-앤-고Give-And-Go, 픽-앤-롤 등이 바로 이런 시간을 극복하고자 행한 기본 전술 플레이에서 파생된 것이었다. 미국의 저널리스트 데릭 젠틸은 이에 대해 "이 때문에 농구 원로들은 아직도 픽-앤-롤이라는 용어 대신 '버디 시스템Buddy System'이라 부르기도 한다"고 기술한 바 있다. 대표적인 인물이 프로농구의 선구자격인 바니 세드란과 맥스 프리드먼이다. '천국의 쌍둥이들'이라는 별명을 얻은 이들 콤비는 1910년대에 콤비 플레이로 뉴욕 농구계를 이끌었다. 특히 미국「명예의 전당」에 입성한 역대 최단신(162cm) 선수였던 세드란은 백보드가 없던 시절에도 30득점을 올렸을 정도로 탁월한 슛 감각을 자랑했기에 '천국의 쌍둥이들'이 보여준 콤비 플레이는 그만큼 위력을 발휘할 수 있었다. 170cm가 조금 안 된 프리드먼은 패스에 능한 선수로 역사에 남았다. 선수들의 장신화와 드리블, 슛 기술의 발전은 콤비 플레이의 발전으로 이어졌다. 1980년대 후반에 NBA를 휩쓴 '배드보이스' 디트로이트 피스톤스가 대표적인 팀이다. 대부분이 피스톤스하면 거친 수비만 기억하지만, 그들은 우승하기에 부족함이 없는 공격력을 지닌 팀이었다. 명장 척 데일리와 포인트가드 아이재아 토마스가 진두지휘하던 그들은 픽-앤-롤 뿐 아니라 팝-아웃Pop-Out, 백도어나 스태거드 플레이 등 여러 옵션 플레이를 가미해 명성을 떨쳤다. 특히 빌 레임비어는 외곽슛 능력도 갖추었고 힘과 스크린이 좋은 센터였기에 스크린이 이루어질 때 수비는 늘 고단의 대상이었다. 이처럼 외곽슛의 도입, 운동능력과 같은 선수 개인 기량의 발전, 새로운 동작들의 등장은 픽-앤-롤을 가장 기본적이면서도 가장 다양한 공격을 만들어낼 수 있는 작전의 경지에 올려놓았고, 이는 아마추어와 프로 할 것 없이 많은 팀들의 성공의 바탕이 되었다. 그리고 그 중심에 선 선수가 바로 장신자들이다. 장신자가 이러한 기본 역할을 잘 수행할 수 있을 때, 그 팀은 비로소 우승권에 근접할 수 있었으니 말이다.

팀플레이의 연결고리: 패스와 드리블

패스는 구기 종목의 기본이다. 그리고 이런 기본이 잘 지켜지면 덩크만큼이나 팀 사기를 올려주는 역할을 하게 된다. 패스는 득점을 끌어내고 승리를 이끈다. 자기 기회만 보지 않고, 더 좋은 기회를 잡은 동료들에게 득점으로 연결되는 패스를 내줄 경우 더욱 그렇다. 스카우트 기술이 발전하면서 어느 한 선수가 주구장창 개인기로만 승부를 내기란 불가능해졌다. 이 때문에 더 많은 패스와 이에 따른 움직임들이 요구된다. NBA에서든 국제농구에서든 패스 능력과 팀을 우선시하는 의욕을 겸비한 선수들이 더욱 각광을 받고 있다.

패스의 탄생

패스는 많은 이들에 의해 발전되었다. 초창기 농구는 드리블을 할 수 없었기 때문에 정확한 패스가 필요했다. 교통수단이 발달되지 않던 시절, 여행이 잦았던 미국 선수들은 복잡한 작전 대신 몇 번의 패스만으로 공격을 성공시킬 수 있는 방법도 연구했다. 울퉁불퉁한 바닥상태를 생각해봐도 화려한 패스보다는 한 번에 쉽게 받을 수 있는 패스가 좋았다. 문헌에 따르면 오늘날 기본 중 기본으로 꼽히는 체스트 패스Chest Pass(공을 가슴에서 밀어내듯이 던지는 패스), 바운드 패스Bound Pass(공을 바닥에 튀겨 넘기는 패스) 등이 1900년부터 1930년대 사이에 탄생했다.

패스 발전에 주도적인 역할을 한 이들은 오리지널 셀틱스와 팀의 리더였던 냇 홀먼이었다. 당시에는 전업 농구선수가 많지 않았기 때문에 짧은 훈련에도 제대로 사용할 수 있는 플레이가 필요했고, 그들이 고안한 패스 방법은 콤비 플레이로도 이어졌다.

패스에 예술성을 더한 건 프로농구 선수들이었다. 1950년대 '패스의 귀재'라 불린 밥 쿠지(보스턴 셀틱스)는 대단히 파격적인 형태로 패스를 즐겼다. 쿠지는 통산 6,955개의 어시스트로 셀틱스 구단 역대 1위 기록을 남겼으며, 1953년부터 1960년까지 줄곧 어시스트 리더 자리를 놓치지 않았다. 셀틱스는 절묘하게 패스를 골라 내준 덕분에 NBA 역사상 처음으로 평균 100득점을 넘긴 팀이 되었으며, NBA 8년 연속 우승을 거머쥐었다.

한창 24초 제도와 새로운 전술이 도입되던 시기에 활약한 그는 1959년 2월 27일에 치른 미니애폴리스 레이커스전에서는 전반전 최다 어시스트(19개) 기록을 세우기도 했다. 이는 50년이 다 되어 가는 지금도 역대 최고 기록으로 남아있다. 쿠지의 자서전 『Basketball Is My Life』에 따르면, 그는 어린 시절에 사고로 오른팔을 많이 다쳤다. 한동안 왼팔로 일의 대부분을 처리해야 했는데 덕분에 양손으로 자유롭게 공을 다룰 수 있었다고 회고한다. 이러한 그의 기본기는 빌 러셀이란 당대 최고의 센터를 만나면서 더욱 빛났지만, 이에 앞서 그가 노-룩 패스No Look Pass(시야를 확보한 뒤 시선을 다른 곳으로 이동하며 하는 패스), 비하인드 백 패스Behind Back Pass(달리면서 뒤도 안보고 뒤로 하는 패스)는 등을 익히게 된 데는 다른 이유가 있다. 쿠지는 체구가 작은 선수였다. 185cm에 80kg 정도였고, 발이 빠르다거나 운동능력이 좋은 선수도 아니었다. 그렇기 때문에 바짝 붙는 수비수들을 속일 기술이 필요했다. 그렇게 해서 경기 중에 탄생한 것이 바로 화려함이 묻어난 패스들이다.

피스톨과 매직 존슨

2000년 NBA 루키 올스타전에서 팬들은 말 그대로 기절초풍할 명장면을 목격한다. 바로 제이슨 윌리엄스(새크라멘토 킹스)

가 손공 과정 중 보여준 패스 때문이었다. 당시 그는 드리블 중 공을 등 뒤르 한번 돌리고선 탄대편 팔꿈치로 쳐서 러에프 러프렌츠에게 패스를 찔러줬다. 역사상 그 누구도 보여주지 않은 패스였다. 러프렌츠는 당황한 나머지 득점으로 연결시키지 못했다. 하지만 팬들은 그런 패스가 나왔다는 것 자체에 신기해했고 윌리엄스의 주가는 더욱 치솟았다. 그러나 윌리엄스에 앞서 그런 신기에 가까운 패스를 보여준 이가 있었으니 바로 고인이 된 '피스톨' 피트 매러비치였다. 윌리엄스가 화려하긴 해도 다소 실속이 없는 패서였다면, 매러비치는 속이 꽉 찬 패서이자 드리블러였고 득점원이었다. 다양한 드리블 실력을 보인 그는 루이지애나 주립대학 시절만 해도 이러한 플레이로 종종 비난을 받았다. 그가 욕을 먹은 이유는 동료들이 그와는 다른 '보통 사람'이었기 때문이라는 말도 있다. 하지만 프로에서 더 좋은 동료들을 만나면서 매러비치는 전설로 남았다.

1979년 데뷔한 매직 존슨(LA 레이커스)은 설명이 필요 없는 스타다. 206cm의 장신에 넓은 시야와 패스 능력, 큰 키에도 쉽게 공을 뺏기지 않던 탄탄한 공 핸들링 기술은 그를 당대 최고의 포인트가드로 만들었다. 특히 '쇼타임'이라 불린 레이커스의 속공을 진두지휘하면서 만들어낸 패스들은 레이커스가 지닌 황금색 이미지와 절묘한 조화를 이루고 있다. 그러나 매직은 이러한 패스들이 계산된 연출이었다고 회고한다. 그는 자서전을 통해 "연습 때 동료들의 움직이는 습관을 잘 파악했기 때문에 가능했던 것이다"라고 말했다.

존 스탁턴과 제이슨 키드

NBA에서 어시스트와 스틸 부문 통산 최고 기록을 보유한 존 스탁턴은 오늘날 포인트가드의 대명사로 불린다. 그는 앞서 소개한 가드들과는 달리 안정적이었다. 하프코트 오펜스 상황(상대 진영에서 공격을 전개하는 상황)에서 이뤄지는 거의 모든 세트 플레이 전개에 능했다. "좋은 패스란 받는 사람을 막는 수비수를 곤란하게 만들 수 있어야 한다"는 격언이 있다. 그런 패스를 하는 선수가 바로 스탁턴이었다. 스탁턴과 견주면 제이슨 키드(뉴저지 네츠)는 좀 더 창의적이다. 빈 곳을 정확히 찾아 찔러주는 그는 동료들의 재능을 끌어낼 수 있는 특별한 능력의 소유자다. 많은 슈퍼스타들이 키드와 함께 뛰고 싶어 했고, 여전히 그런 희망사항이 여기저기서 들리는 것만 봐도 알 수 있다. 정확한 때와 높이, 세기細技로 주는 패스는 키드의 전매특허다. 한편 최근에는 2년 연속(2005, 2006) MVP를 수상한 스티브 내쉬(피닉스 선즈)가 최고의 패서 중 하나로 각광 받고 있다. 속공 상황에서 물줄기처럼 시원하게 뻗어나가는 패스는 피닉스를 NBA 최고의 공격팀 중 하나로 만들어주었다.

앨리웁 패스의 기원은?

팬들이 가장 좋아하는 기술 중 하나는 바로 앨리웁(Alley Oop) 패스다. 앨리웁은 동료에게 공을 높게 띄워, 공중에서 곧

장 곤격하게끔 하는 콤비 플레이다. NBA는 물론이고 KBL에서도 주마다 한 장면씩은 나올 정도로 보편화되었고, 한번 나올 때면 주간 베스트 영상에 꼽힐 정도로 큰 쾌감을 준다. 앨리웁 플레이는 덩크뿐 아니라 그냥 공중에서 받아 넣는 평범한 슛도 포함된다. 국내에서는 많은 팬들이 만화 『슬램덩크』에서 나온 일본식 발음 '아리우프'로 잘못 알고 있다. 여전히 스포츠 전문 채널이 아닌 타 프로그램에서는 '아리우프'라고 표기하는 경우가 종종 있는데, '앨리웁'이 가장 적당한 용어다. 앨리웁 패스는 1940~1950년대에 등장했다. 키가 큰 선수를 활용하기 위한 방안 중 하나로 조지 마이칸이 가장 큰 수혜자였다. 1960년대에는 빌 러셀과 윌트 채임벌린이 앨리웁 플레이의 일인자였다. 재미있는 건 그 당시만 해도 인바운드 패스를 할 때 백보드를 넘겨 패스하는 것이 바이얼레이션이 아니었다. 이 때문에 패서들은 백보드를 넘겨 패스를 해줬고, 러셀과 채임벌린이 바로 밑에서 대기하다가 쉽게 받아 넣었다는 일화가 있다. 특히 러셀이 대학생일 때 이런 플레이를 자주 써먹자 NCAA가 규정을 통해 이를 금지했다. 이러한 앨리웁 플레이는 1980년대를 거쳐 1990년대에 이르면서 키가 큰 선수들간의 전유물을 넘어섰다. 마이클 조던, 클라이드 드렉슬러, 다니믹 윌킨스 등의 가드나 포워드들도 앨리웁 플레이로 많은 명장면을 남겼다.

센터도 패스를 할 수 있다

 농구가 포지션별로 세분화되고, 전술이 다양해지면서 센터의 패스 능력도 대단히 중요해졌다. 공격력이 있는 센터들은 더블팀이 들어오면 밖으로 킥-아웃 패스를 해주거나, 혹은 안쪽으로 들어오는 동료에게 숄더 패스Shoulder Pass(두 손으로 공을 가지고 어깨 위로 하는 패스)나 혹 패스로 찬스를 만드는 역할을 해왔다. 윌트 채임벌린이 그런 타입이었다. 100득점 신화의 채임벌린은 통산 평균 4.4개의 어시스트를 기록했다. 특히 67/68시즌에는 8.6개의 어시스트로 리그 1위를 차지하기도 했다. 채임벌린은 또한 수비 리바운드를 잡은 뒤 앞으로 던지는 베이스볼 패스도 정확한 센터였다.

 1974년에 NBA에 데뷔한 빌 월튼, 1994년 MVP 하킴 올라주원, 1995년 MVP 데이비드 로빈슨도 패스하면 빼놓을 수 없는 인물들이었다. 유럽 출신으로는 블라디 디박과 아비다스 사보니스가 절정의 패스감각이 있었는데, 덕분에 한때 몇몇 스카우트들은 유럽 출신 센터들이 모두 패스를 잘 할지도 모른다고 착각한 때도 있었다. 또 2년 연속 MVP에 빛나는 팀 던컨과 2000년부터 3년 연속 우승을 차지한 샤킬 오닐은 올라주원이나 로빈슨 이상의 패스 기술을 지녔는데, 이는 그들이 득점력을 갖고 있으면서도 팀을 우선시하는 마음이 강했기 때문이었다.

한국의 패서들

패서의 계보는 가드의 계보라 해도 다름없다. 과거에는 지금처럼 포지션이 세분화 되지 않아 가드의 역할은 거의 공 배급에 한정된 경우가 많았기 때문이다. 그런 가운데서도 농구인들이 꼽는 과거 최고의 패서는 김영기(전 KBL 총재)와 김인건(현 KBL 경기본부장)이다. 김영기는 오늘날에도 '머리가 좋아야 스포츠도 할 수 있다'는 것을 몸소 보여준 존재로 남았다. 포워드와 가드의 두 포지션을 무리 없이 소호한 그는 게임 메이커이자, 득점원으로서 소속팀을 정상으로 이끌었다. 그의 재능은 훗날 국가대표 감독으로서도 유감없이 발휘되어 한국 농구 사상 최초의 아시안게임과 ABC대회 우승으로 이어졌다. 김인건은 한국 포인트가드의 효시다. 혹자는 포인트가드의 개척자이자 젖줄이란 찬사도 아끼지 않는다. 그의 정석적인 패스와 시야는 "가드는 나침반이 되어야 한다. 팀에 방향을 제시해줘야 한다"는 말을 그대로 입증하는 것이었다.

농구대잔치 시절에는 유재학(현 울산 모비스 감독)이 재치 있는 플레이로 '여우'라는 별명을 얻었다. 연세대를 거쳐 기아에 입단하면서 전업 포인트가드가 된 그에 대한 가장 정확하면서도 어울리는 별명이라는 평이 지배적이다. 기아에서는 강동희도 빛났다. 강동희는 프리랜스에서나 패턴 플레이에서나 늘 빛나는 패싱 능력을 보여주는 전형적인 포인트가드였다. 흔히들 '농구를 알고 한다'란 표현을 자주 쓰는데, 그런 표현에 걸맞는 스타 중 한명이 바로 강동희였다. 허재와 김유택, 김영만 등 좋은 재원이 최상의 능력을 발휘하는 데 일조했다.

포인트가드는 아니지만 1982년 뉴델리 아시안게임 우승을 이끈 신선우(창원 LG 감독)는 발군의 패스 감각을 과시했다. 포스트 플레이어였지만, 밖으로 빼주는 패스나 돌파 뒤 안쪽의 동료에게 찔러주는 패스는 가드 못지않았다. 기동력이 좋아 속공 가담도 쉬웠다. 혹자는 요즘 시대에 그 기량을 갖고 태어났다면 트리플-더블을 거뜬히 해냈을 것이라고 평가한다. 그런 신선우와 함께 손발을 맞추고 있는 현주엽은 한국에서 '포인트포워드'라는 말을 탄생시킨 주역이다. 때로는 밖에서, 때로는 안에서 포스트-업을 하면서 상대 수비를 흔들어 놨던 그의 손끝은 그를 트리플-더블러로 만들어주었다. 04/05시즌에 그는 평균 7.83개의 어시스트를 기록했다.

드래프트, 선수 선발과 연봉 제도의 역사

 오늘날 프로스포츠에서 가장 큰 재미는 새 얼굴들이 꾸준히 등장한다는 것이다. 학교 과정을 마칠 때까지 아마추어의 혈기로 뛰어오며 '사회' 진출 준비를 마친 이들의 가세는 선수층을 더욱 탄탄하게 만들어주고, 고참 선수들에게는 새로운 동기부여가 된다. 각 프로스포츠가 오늘날까지 발전하는 데는 이러한 선수 수급이 큰 몫을 했다. 농구도 마찬가지다. 그러나 이러한 제도가 자리를 잡기까지는 엄청난 진통이 있었다.

보상선수제도

 한국 프로농구에는 보상선수제도라는 것이 있다. 자유계약

레이커스에 입단해 역사를 바꿔놓은 매직 존슨 (그림 제공/김민석)

선수를 영입할 때 그 선수의 원 소속팀에 보상선수를 내주는 것이다. 돈이 많은 팀이 스타들을 독점하는 것을 막기 위해 생겼다. 이 제도는 미국 메이저리그 야구가 사용 중이고, NBA에도 1984년까지 이 제도가 존재했다.

이 보상선수제도 때문에 NBA 역사가 크게 한번 바뀌었다. 시기는 1976년 7월로 거슬러 올라간다. LA 레이커스의 핵심선수였던 게일 굿리치(당시 나이 33세)는 FA 자격을 취득해 뉴올리언스 재즈와 계약을 체결했다. 그리고 재즈는 당시 보상선수제도에 따라 1977년과 1979년 1라운드 지명권, 1980년 2라운드 지명권을 레이커스에 내줬다.

이렇게 재즈가 레이커스에 건네준 지명권의 드래프트 순위는 그 이전 시즌 재즈의 성적에 따라 결정된 것이다. 그런데 78/79시즌 재즈는 26승 56패로 리그 꼴찌였다. 드래프트 당일 드래프트 1순위 지명권을 가리는 시카고 불스와의 동전 던지기에서 공교롭게도 재즈는 전체 1위가 되고 만다. 쾌재를 부른 쪽은 레이커스였다. 바로 당대 최고의 신인 중 한 명인 매직 존슨을 지명할 수 있었으니 말이다. 물론 재즈가 앞날을 예측할 수는 없었겠지만, 돌아보면 후회되는 결과였을 것이다. 게다가 굿 리치는 재즈 이적 후 부상에 시달렸고, 한 번도 플레이오프에 오르지 못했으니 말이다. 레이커스는 1980년대 매직 존슨과 함께 NBA의 황금기를 구축했다. 만약 그가 다른 팀에서 뛰었다면 지금의 NBA 인기도 장담하기 어려울 것이란 말이 있다.

이러한 보상선수제도는 1980년대 샐러리캡(팀 연봉 상한제)이 도입되고, NBA 재정이 안정되기 시작하면서부터 사라졌다. 대신 FA를 빼앗긴 팀들의 권리를 어느 정도 보전해주기 위해 사인-앤-트레이드Sign-and-Trade 제도가 활성화되기 시작했다.

연고지 우선지명권

NBA도 초창기에는 인기가 없는 리그였다. NBA 우승팀임에도 그 지역 신문 1면을 장식하지 못했다. NBA는 지역 연고제를 활성화시키는 것이 가장 좋은 방법이라 판단해 해당 프랜차이즈 스스로 그 지역의 스타를 지명할 수 있도록 하는 '테리토리얼 픽Territorial Pick' 제도를 만들었다. 예를 들어 LA 지역의 프로 팀이면 LA에 있는 대학 스타 한 명을 지명할 수 있는 것이다. 대신 그 팀은 규정에 따라 그 해 1라운드 지명권을 포기해야 했다. 몇몇 구단은 연고지 우선 지명권으로 큰 소득을 남겼다. 대표적인 구단이 바로 필라델피아다. 필라델피아는 1959년 윌트 채임벌린을 영입했다. 사실 채임벌린은 캔자스 대학에 다니고 있었지만 "캔자스에는 NBA 구단이 없다. 채임벌린은 필라델피아에서 태어나 고등학교까지 이곳에서 졸업했다"는 사실로 필라델피아가 NBA를 설득하는 데 성공했다. 반발은 심했지만 채임벌린을 영입한 필라델피아는 수많은 역사를 남겼고, 1967년에는 우승도 거머쥐었다. 1960년 신시내티 로열스도 신시내티 대학을 다니던 오스카 로버트슨을 연고지 우선 지명권을 이용해 지명했다. 그는 이곳에서 한 시즌 평균 평균 30.8득점, 11.4어시스트, 12.5리바운드로 트리플-더블을 작성하는 등 숱한 대기록을 남겼다. 그러나 테리토리얼 픽 제도는 1966년에 폐지되었다. 모든 이에게 공평하게 이득이 될 수 없는 제도였기 때문이다.

한편 한국에서는 프로 출범 이전까지 대학 졸업 선수들의 선택권이 한정되어 있었다. 스타급 선수들에게는 대기업을 모기업으로 두고 있는 삼성, 현대, 기아 등의 러브콜이 쏟아졌다. 이어 더 많은 실업팀이 참가하면서 스카우트 경쟁은 치열해져 실업의 판도까지 바꿔놓았다. 그 과정에서 선수들의 몸값 역시 천정부지로 솟았다. 프로농구 출범은 이러한 부작용을 어느 정도 해결해 주었다. 신인들의 연봉 상한선이 정해져 있고 드래프트를 통해 각 팀들이 공정하게 선수 선발권을 가져갈 수 있었기 때문이다. 프로농구 출범이 국내농구계에 끼친 긍정적인 영향 중 하나로 볼 수 있다.

고졸 선수도 돈 벌 수 있다

스펜서 헤이우드는 고졸 선수도 NBA란 무대에서 뛰게 만든 인물이다. 헤이우드는 NBA와 법으로 대항해 싸워 이긴 몇 안 되는 선수이기도 하며, 농구계를 바꿔놓은 선수이기도 하다. 사연인즉 이렇다. 1968년 올림픽에서 미국에 금메달을 안긴 헤이우드는 대학에서는 이미 적수가 없던 선수로 평가됐다. 2학년임에도 평균 32.1득점을 기록했고, 경기마다 걷어낸 리바운드는 무려 21.5개였다. 대학에서는 경쟁자가 없다는 걸 알게 된 헤이우드는 대학에서 시간을 보낼 수 없었다. 가족들이 가난에 허덕이고 있기에 하루라도 빨리 프로에서 돈을 벌어야 했다.

기량을 확신한 헤이우드는 2년 남은 대학생활을 포기하고 ABA 덴버 로케츠와 2년 계약을 체결했다. 그런데 ABA에서도 헤이우드의 경쟁자가 없었다. 그는 69/70시즌에 신인상과 MVP를 모두 가져갔고, 득점왕과 함께 리바운드 타이틀까지 가져갔다. 이런 활약을 보인 선수를 NBA 구단들이 그냥 둘 리 없었다. 1970년 시애틀 소닉스는 헤이우드를 설득해 계약을 체결했다. 그러자 다른 구단들이 태클을 걸었다. 헤이우드는 대학 졸업자가 아니었기 때문이다. NBA는 당시만 해도 대학 졸업자들만이 뛸 수 있는 리그였다. 그는 드래프트를 거치지 않았기 때문에 문제가 있었던 것이다.

헤이우드는 '빈곤'을 이유로 들며 NBA에 선처를 호소했지만, NBA는 주장을 묵살하고 법정으로 이 일을 끌고 갔다. 이것이 하드십Hardship 케이스였다. 헤이우드는 "나는 생활고를 위해 돈을 벌 권리가 있다"는 주장을 했다. 그리고 NBA의 예상과는 달리 "법원은 대졸이 아니더라도 NBA에 선수로 취업할 수 있다"는 판결을 내렸다.

결국 1971년에 NBA는 '하드십' 드래프트를 특별 신설해 스펜서 헤이우드처럼 생활고에 허덕이는 선수들을 위한 드래프트를 따로 마련했다. 이는 1976년에 '얼리 엔트리Early Entry'로 통합되어 대학을 졸업하지 않아도 NBA에 나설 수 있는 제도로 바뀌었다. 리그는 "드래프트 45일 전에만 드래프트 참가 취소를 통보하면 계속 대학에 다닐 수 있다"는 규정도 덧붙였다. 비록 헤이우드가 하드십의 수혜자는 아니었지만, 그 역시 시애틀과 맺은 계약이 인정받아 70/71시즌 마지막 33경기를 뛸 수 있었고, 이후 더 뛰어난 활약을 보였다. 그러나 훗날 그는 재판 과정이 힘들고 외로웠음을 고백한 바 있다. 동료들은 "괜한 사건을 터트려 NBA를 시끄럽게 한 선수"로 그를 바라봤고, ABA에서는 장내 아나운서조차 "여기 불법 신분의 선수가 와 있습니다"라고 말하기도 했다. 대학 관계자들도 좋은 대학 인재들이 빠져나갈 것을 걱정해 헤이우드를 질타하기도 했다. 하지만 헤이우드의 투쟁이 없었다면 오늘날의 코비 브라이언트, 케빈 가넷은 없었을 것이며, 르브론 제임스의 신화도 쉽게 나타나지 못했을 것이라는 것이 그 당시 보수적이었던 백인 사회를 겪은 흑인 선수들의 말이다. 한편 NBA는 인성이 덜 된 고졸선수들의 무분별한 프로진출이 계속되자 2005년을 끝으로 이 제도를 대학생 이상으로 다시 바꿔놓았다.

유럽 리그의 골칫거리, 보스먼 규칙

1995년 12월 15일, 벨기에의 보스먼Jean-Marc Bosman은 1990년 구단 이적 과정에서 피해를 봤다며, 선수들에게 불리한 이적 규정에 대해 EU(유럽연합)재판소에 소송을 내 승소했다. 이 판결로 FA선수들은 자유롭게 구단을 이적할 수 있게 되었고, 구단들은 FA선수를 영입할 때 별도로 이적료를 지급하지 않아도 되었다. 바로 유럽 리그에서만 볼 수 있는 「보스먼 규칙」이 탄생한 배경이다. 유럽에서는 보스먼 규칙이 기자들, 구단주, 선수들의 머리를 아프게 하는 요소로 자리 잡고 있다. 이런 질문이 나올 수 있겠다. "아니, 선수가 자유롭게 이적하겠다는 데 나쁜 점이 있나?"

당연히 있다. 이전까지 각 구단들은 엘리트 선수들을 영입할 때 비싼 이적료 때문에 꺼린 점이 많았다. 그런데 FA의 이적료 제도가 사라지면서 상대적으로 '거품'을 줄인 채 선수를 영입할 수 있게 되었다. 그리고 중·하위권도 '얼씨구나!' 하면서 전 유럽에 걸쳐 유명 선수들의 영입에 발 벗고 나섰다. 그런데 문제는 문어발식 영입에 열중하다보니 정작, 자국의 선수들은 설자리가 없어졌다는 것이다. 게다가 천정부지로 솟은 선수들의 연봉 덕분에 재정난이 심각했다. '부익부 빈익빈' 현상이 생긴 것이다.

이스라엘 리그의 한 관계자는 "우리 리그는 유럽 리그에서 그동안 충분히 잘 버텨왔다. 그러나 보스먼 규칙이 생긴 이후 몇몇 구단은 너무 많이 영입해서 재정이 흔들리는가 하면, 어떤 구단은 영입 능력이 없어서 흔들린다. 또 자국 선수들을 비롯해 동유럽의 가난한 국가 선수들이 설자리도 줄어들고 있다"며 푸념하기도 했다. 마지막으로 유럽인들의 자부심이 무척 높다는 사실도 빼놓을 수 없다. 프로 구단들이 아무리 "우승을 위해서"라는 명목으로 우수 선수들을 영입해도 유럽인들은 웬만한 슈퍼스타 아니면 거들떠보지 않는다. 결국 다른 국적의 선수들이 자기 나라 코트에서 판치는 모습을 환영하는 농구 팬들은 없다. 보스먼 규칙이 "농구 코트를 더더욱 차갑게 만들고 있다"는 비난을 받는 것도 이 때문이다.

한편 NBA는 보스먼 규칙의 폐해처럼 부자구단이 마구잡이로 선수를 데려가는 것을 막기 위해 사치세(Luxury Tax)라는 조항을 만들었다. NBA가 정해놓은 샐러리캡을 넘길 경우, 넘긴 만큼을 리그에 세금처럼 내야 한다는 것이다. 몇몇 구단은 이런 규칙에도 아랑곳하지 않고 스타 영입에 열을 올리고 있지만 이후 각 구단들의 행보가 조심스러워진 것은 사실이다.

'나이키 에어'와 농구 비즈니스

　'문화文化'란 그 사회나 집단이 현재 띠는 색깔이라 할 수 있다. 이러한 문화는 인위로 형성되는 것이 아니다. 24시간 내내 TV 광고를 탄다고, 유명스타가 입고 다닌다고 해서 쉽게 만들 수는 없는 것이 바로 문화다. 사회나 집단 구성원들의 동의가 없다면 문화로 받아들여지기 어렵다. 그런 면에서 농구와 농구화는 독특한 매력을 갖고 있다. 마치 프리즘을 통해 비치는 다양한 빛깔처럼 농구화도 자세히 들여다보면 다양한 색을 띤다. 농구 마니아들에게 농구화는 농구의 필수사항이지만, 다른 이에게는 최고의 패션 상품이다. 요즘 힙합 뮤지션들은 농구화를 '힙합'의 일부분이라고도 말한다.

농구화의 출발

농구화라는 개념이 생긴 것은 그리 오래전 일이 아니다. 초창기 농구화는 그냥 신발에 타이어를 밑에 대서 만든 것이었다. 그나마도 수명이 20일 정도 밖에 안 됐다. 그러다가 컨버스사가 등장하면서 '척 테일러 올스타'란 농구화가 탄생했다. 하지만 요즘처럼 충격을 흡수한다던가, 발목을 보호한다던가 하는 장치는 없었다. 그러나 그 어느 제품보다도 먼저 농구화로 인정받은 것이 바로 컨버스사에서 출시한 농구화들이었다. 이는 전 세계 농구선수들이 선망하는 대상이었다. 특히 6.25 사변을 겪으며 경제상황이 안 좋았던 1950~1970년대 우리 선수들에게는 더욱 그랬다. 미군부대에서 흘러나온 중고제품을 사 신었고, 대만에서 나온 '회력'만으로도 만족스러웠다. 그것도 안 된 선수들은 계속 타이어로 덧대어서 신으며 플레이했다. 어쩌다 좋은 신발이 생겨도 감히 신을 생각을 못했다. 그때만 해도 코트가 아니라 흙바닥에서 농구를 해서 금세 망가졌기 때문이다. 미국 선수들의 경우는 코트 사정은 좋았다. 그렇지만 선수 생활이 지금처럼 길지 못했던 것은 선수들의 신체 흐름까지 신경 써서 나오는 고품질, 고기능

최초의 농구화로 알려진 컨버스사의 척 테일러 올스타

농구화가 아니었던 것도 이유가 될 것이다. 그러나 선수들의 정신력은 지금보다 월등히 좋았던 것 같다. 그 열악한 환경에서도 한 시즌에 82경기를 소화해냈으니 말이다. 미국에서 컨버스가 승승장구할 동안 1970년대 국내에서는 일본 아식스 제품들이 인기를 끌었다. 가죽으로 된 농구화들은 무거워 보였지만 오히려 이전보다 가볍고 사용하기에도 편리했다. 주로 국가대표에게 보급된 이 농구화에 대한 국내 농구인들의 첫인상은 놀라웠다. 혹자는 "웬 구두를 신고 나오나 했다. 그때만 해도 가죽으로 된 농구화를 거의 못 봤으니까"라고 말한다.

시장을 평정한 에어

1960년대에 설립된 미국의 나이키는 1970년대에 '에어Air'라는 신기술을 개발해 최초로 런닝화에 도입했다. 그리고 1982년, 이를 농구화에도 적용해 에어포스 원을 탄생시켰다. 에어라는 기술이 적용된 최초의 농구화였다. 에어는 선수들이 착지할 때 안정감을 더해주는 쿠셔닝 기술을 더한 것으로, 나이키 농구화 역사에 한 획을 그었을 뿐 아니라 전 세계 농구화와 농구 역사에 큰 기틀을 제공한 작품이라 할 수 있다. 나이키는 '에어'가 농구화에서 성공적으로 작용하게끔 하는 데 심혈을 기울였고, 그 노력이 현실로 나타난 첫 작품이 바로 에어포스 원이다. 하지만 재미있게도 에어포스 원은 농구화뿐 아니라 패션 상품으로도 깊이 자리를 잡았다. 특히 힙합 가수들이 힙합 바지에 이 신발을 신으면서 유행했다. 그 시기 NBA가 힙합 문화, 즉 흑인 문화와 밀접하게 관계를 맺기 시작했다는 것도 어느 정도 영향을 주었을지 모르겠다. 몇몇 힙합 가수들은 에어포스 원을 즐겨 신다 못해 노래 제목으로 사용하거나, 노래 가사에 삽입하는 등 애정을 드러내기도 했다.

에어포스 원의 성공에 힘입어 등장한 다음 타자는 바로 에어조던이었다. 마이클 조던의 이름을 딴 에어조던은 농구화 역사상 최초로 선수의 이름을 따서 판매에 돌입한 농구화로서 발매 당시만 해도 큰 기대를 얻지 못했지만, 조던의 맹활약으로 세계적인 선풍을 일으켰다. 1984년에 처음 등장한 에어조던 시리즈는 그가 은퇴한 지금도 계속해서 발매할 정도로 디자인이나 기능에서 선수들에게 많은 사랑을 받았다. 또 그가 코트에서 신고 있지 않는데도 여전히 발매일 전날에는 뉴욕의 공식 매장에는 이를 사려고 밤새 기다리는 팬들이 수백 명에 이를 정도다. 에어조던의 인기가 극에 달한 1990년대에는 에어조던 운동화를 신은 아이를 살해해 운동화를 빼앗을 정도로 극성이었고, 이로 인해 사회적인 논란이 되기도 했다.

에어가 바꿔놓은 농구 비즈니스

하지만 에어조던의 성공은 농구뿐 아니라 프로스포츠 비즈니스에 새로운 영감을 주었다. 조던이 등장하기 전까지는 매직 존슨이나 카림 압둘-자바 등이 광고에 몇 번 출연하고, 신발을

신어주는 것 정도에 그쳤
다. 그래봐야 개런티도 겨
우 1)만 달러에 그쳤다.
하지만 조던과 그의 에이
전트 데이비드 포크는 조
던의 이름을 이용해 에어

선풍적인 인기를 열으킨 나이키의 에어조던 I

조던을 탄생시켰고, 결국 전 세계 청소년들이 그에 열광하면서 떼돈을 벌었다. 1987년에 나이키와 재계약 할 당시 받은 조던의 계약금은 이미 그 당시 자신이 선수로서 받은 연봉의 10배에 이를 정도였다. 혹자에 따르면 조던이 데뷔 3년차를 넘기기 전 서점에는 이미 한 칸을 차지할 정도로 조던 관련 서적이 쏟아져 나왔고 불티나게 팔렸다고 한다. '조던식 비즈니스'는 후발주자를 탄생시켰다. 나이키는 서둘러 찰스 바클리, 스카티 피펜, 앤퍼니 허더웨이 등을 등장시켰고, 이들의 이름을 딴 새 농구화를 출시했다. 나이키가 등장하기 전까지 농구 비즈니스에 침투해 꽤 괜찮은 소득을 올리던 아디다스도 바삐 움직였다. 리복은 신세대 스타 샤킬 오닐을 내세워 펌프 열풍을 일으켰다. 그러나 이들의 도전에도 농구화 시장에서는 나이키가 '저스트 두 잇Just Do It' 광고를 통해 한동안 시장을 지배했다.

농구화 비즈니스의 새로운 경향

조던 덕분에 유명한 선수들은 이제 프로무대 진출에 앞서 어느 농구화 브랜드와 계약할지부터 고민한다. 또 각 브랜드들도 스타의 이름을 이용한 농구화를 우후죽순 격으로 발매 중이다. 시즌마다 고정으로 발매되는 농구화도 있고, 더 나아가 올스타전이나 올림픽처럼 중요한 대회를 앞두고 디자인과 색상을 조금씩 바꿔 버전만 달리해서 발매하는 농구화도 있다. 이를 두고 '상술'이라 하는 이들도 있지만, 그만큼 수요가 있으니 나올 수밖에 없는 것이 아닐까. 실제로 농구화 수집가들도 늘어가고 있으며, 농구화만 전문으로 다루는 잡지도 창간했을 정도다. 경기에서 어떤 선수가 어떤 농구화를 신었는지, 혹은 어느 힙합가수가 공연에서 어떤 농구화를 신었는지 큰 관심을 보이고 있다. 이는 에어라는 기술과 조던이라는 스타가 가져온 20년간의 큰 변화였다. 변화는 이에 그치지 않고 2000년대로 이어져 나이키는 줌-에어라는 신기술을 개발했고, 비슷한 시기에 르브론 제임스라는 새로운 스타가 등장하면서 '줌-르브론'이라는 새 농구화를 탄생시켰다. 아디다스도 신세대 스타들을 내세워 클라이마-쿨, 포모션 등 신기술을 장착한 농구화를 앞세워 시장에 침투했다. 그 외 컨버스, K1X, AND1 등 많은 중·소규모 농구화 브랜드들이 저마다 신기술과 NBA 모델을 앞세워 도전장을 내밀고 있다. 끈 없는 농구화, 바닥 상태에 따라 쿠셔닝이 달라지는 농구화, 펌프로 신발 내 공기의 정도를 조절하는 농구화 등 '과학'에 가까운 농구화들이 탄생하고 있는 것이다. 그러나 정작 이러한 바람을 일으킨 장본인인 마이클 조던은 후배들에게 '한탕주의'를 버리라고 말한다. "요즘 선수들은 프로에 진출하기도 전에 너무 많은 것을 바라고 신경 쓴다. 우리들은 상품 가치가 있다는 것을 보여주기 위해 열심히 노력했다. 어린 선수들도 돈과 같은 농구 외적인 부분보다는 농구를 통해 자신의 가치를 입증해야 할 것이다." 그것은 어쩌면 오늘날 농구계를 바라보는 모든 선배들이 하고 싶은 말일지도 모른다.

간략히 돌아보는 농구의 역사

1891~1894년

· 네이스미스 박사가 최초로 농구란 운동을 고안해냈다.(최초의 영문표기는 Basket Ball이었고, 1921년에 Basketball이 되었다.)

· 최초의 남자 농구 경기가 스프링필드 대학에서 개최되었다. 최초로 사용된 공은 축구공이었다.(1891.12.21.)

· 최초의 여자 농구 경기가 메사츄세스주州 스프링필드의 YMCA 체육관에서 개최되었다.

· 경기에 출전할 수 있는 인원이 팀별 5명으로 정해졌다.

· 백보드 설치가 검토되었다. 백보드는 농구관람 때 시야를 가린다고 해서 그간 설치되지 않았다.

· 농구가 멕시코, 프랑스, 중국, 인도에 전파되었다.

1895~1899년

· 코트 규격에 따라 출전 선수가 제한되었다. 작은 코트에서는 다섯 명, 큰 코트에서는 일곱 명까지 뛸 수 있었다.

· 뉴저지주 트렌튼에서 최초로 프로농구 경기가 개최되었다.(1896)

· 공의 무게가 18-20온스로 확정되었다.

· 야투 한 개 성공했을 때 점수가 기존 3점에서 2점으로 줄어들었다.

· 최초의 프로농구 리그인 NBBL(National Basket Ball League)이 창설되었다.(1898) 이 리그는 필라델피아와 뉴욕을 중심으로 활성화되었다.

· 농구가 영국, 브라질, 체코슬로바키아에 전파되었다.

1900~1904년

· 스팰딩사(社)가 제조한 공인구가 사용되기 시작했다. 무게는 20-23온스였다.

· 드리블러는 슛을 던질 수 없다는 조항이 생겼다.

· 농구가 일본, 페르시아, 호주, 캐나다, 필리핀, 레바논, 푸에르토리코, 터키에 전파되었다.

1905~1909년

· 백보드가 설치되었다.

· 뉴욕 메디슨스퀘어가든에서 처음으로 농구 경기가 개최

되었다. 이후 뉴욕 메디슨스퀘어가든은 모든 농구 선수가 뛰어보고 싶어하는 농구의 메카 중 하나가 되었다.

· 드리블러가 슛을 던질 수 있게 되었다.

· 농구가 러시아, 쿠바, 한국, 이탈리아, 폴란드, 스웨덴에 소개되었다.

· 거친 경기를 방지하기 위해 심판이 한 명에서 두 명으로 늘어났다.

1910~1914년

· 감독은 시합 중에는 선수 지도에 관여할 수 없다는 조항이 생겼다.

· 농구가 아르헨티나, 페루, 우루과이, 헝가리, 포르투갈, 벨기에에 전파되었다.

· 1916년 일본 유학생들과 횡성기독청년회 회원 간 한국의 첫 공식 농구 경기가 열렸다.

1915~1919년

· 골대의 그물에 구멍을 만들어 공이 골인 되면 관통하게 했다.

· 드리블 후 슛이 가능하게 되었다.

· 농구가 미얀마, 불가리아, 칠레, 그리스 등에 전파되었다.

1920~1924년

· 1921년에 농구란 단어가 Basketball로 불리게 되었다.

· 테크니컬 파울이 처음 등장했다.

· 농구가 이집트, 홍콩, 이라크, 유고슬라비아 등에 전파되었다.

1925~1929년

· 미국농구리그(ABL)가 출범했다.

· 여성들을 위한 토너먼트가 처음 개최되었다. 개최된 지역은 캘리포니아였다.

· 전미농구코치협회(NABC)가 출범했다. NABC는 현재까지도 활발히 활동 중이다.

· 2심제가 본격화되었다.

1930~1934년

· 1932년에 국제아마추어농구연맹(FIBA, International Amateur Basketball Federation)이 스위스 제네바에서 창립되었다.

· 처음 3초 규칙이 적용되었다.

· 대학생이던 행크 루이세티가 처음으로 원 핸드 점프슛을 던져 전국적인 관심을 끌었다.

1935~1939년

· 1936년 독일 베를린에서 최초의 올림픽 농구경기가 개최

되었다. 네이스미스 박사가 관전한 가운데 미국은 캐나다를 19:8로 꺾고 금메달을 획득했다. 대한민국의 이성구, 장이진, 염은현이 일본 팀의 일원으로 출전해 대한민국 민족의 우수성을 알렸다. 일본은 당시 2승 5패로 13위에 랭크되었다.

· 네이스미스 박사가 1939년 11월 26일 타계했다.

1940~1944년

· 뉴욕 메디슨스퀘어가든에서 농구경기가 최초로 생중계되었다.

· 농구계에 210cm 선수가 등장했다. 오클라호마 대학의 밥 컬랜드는 211cm로 골밑을 휘저었고, 208cm의 조지 마이칸도 드폴 대학에 입학하면서 본격적인 장신농구 시대를 열었다.

· 5반칙 제도와 골텐딩 제도가 생겨났다.

1945~1949년

· 1945년 2월 7일, 콜롬비아 대학과 포드 햄 대학 간 경기에서 3점슛 규칙이 시범적으로 채택되었다. 하지만 복잡하다는 이유로 정규경기에서는 사용되지 않았다.

· 미 프로농구(NBA)의 전신인 BAA(Basketball Association of America)가 출범했다. BAA는 흥행을 위해 지역방어를 금지했다.

· 캔자스시티에 최초의 휠체어 농구팀이 탄생했고, 이어 일리노이 대학도 휠체어 농구팀을 출범시켰다. 1940년대 말에는 전미휠체어농구협회(NWBA)가 출범식을 하고 첫 대회를 개최

했다.

· 감독들이 타임아웃 동안에 선수들에게 지시를 할 수 있게 되었다.

· 1947년 일본계 혼혈선수인 와타루 미사카Wataru Misaka가 뉴욕 닉스에 입단했다. 그러나 인종차별 의식과 편견으로 세 경기만에 방출되었다. 그의 키는 183cm였고, 미국 유타 대학을 졸업했다.

· 한국이 1948년 런던 올림픽에 출전해 8위(3승 5패)를 기록했다. 정상윤 감독이 이끈 대표팀에 장이진, 김정신, 조득준, 안병석, 오수철 등이 출전했다.

1950~1954년

· 1951년 NBA 드래프트에서 흑인 선수가 최초로 프로구단에 지명되었다. 그의 이름은 척 쿠퍼로 보스턴 셀틱스에 입단했다.

· 제1회 NBA 올스타전이 1951년 보스턴의 보스턴가든에서 개최되었다.

· 1953년 여자 세계선수권대회가 처음으로 개최되었다.

· NBA에서 54/55시즌부터 24초 제도가 도입되었다.

· 농구 경기가 전·후반이 아닌, 10분씩 4쿼터제로 바뀌었다가 이내 다시 20분씩 전·후반 경기로 돌아왔다.

1955~1959년

• 월트 채임벌린이 이끄는 샌프란시스코 대학이 전미대학 체육연맹(NCAA)에서 단 한 번도 패하지 않은 채 우승을 거머쥐었다.

• 유니폼에서 1, 2, 6, 7, 8, 9 번의 사용이 제한되었다.

• 한국이 1956년 올림픽에 출전하여 1승 6패의 성적을 거두었다. 김정신 감독이 이끈 대표팀은 고세태, 최태곤, 조병현, 백남정, 김영기 등이 대표로 출전하였다. 미국이 8전 전승으로 금메달을 목에 걸었다.

1960~1964년

• 1963년 월트 채임벌린이 뉴욕 닉스를 맞아 100득점을 기록했다.

• 노스캐롤라이나 주에 있는 분 트레일 고교가 앤지어 고교를 맞아 13차 연장전까지 가는 접전 끝에 56:54로 승리했다. 이는 미국 농구 역사상 최장시간 연장경기로 남아있다.

• 도쿄 올림픽이 1964년에 개최되었다. 주기선 감독이 이끈 대표팀은 방열, 신동파, 김인건, 김영일, 김무현 등이 출전했다. 우승은 미국이 차지했고, 개최국인 일본은 4승 5패로 10위에 올랐다.

1965~1969년

• 프로농구리그 ABA(American Basketball Association)가 출범했다.

· 덩크슛이 대학농구에서 금지되었다.
· 네이스미스 농구 명예의 전당이 스프링필드 대학에서 개관식을 했다.
· 프로농구에서도 덩크슛이 시합 전과 시합 중에 모두 금지되었다.
· 1968년 멕시코 올림픽에서 한국이 2승 7패로 14위를 기록했다. 김영일, 김인건, 신동파, 이인표, 박한, 곽현채, 유희형, 최종규 등이 국가대표로 출전했다.
· 1969년에 샌프란시스코 워리어스가 데니스 롱이란 여자선수를 지명했다. 드래프트에서 남자 농구단이 여자선수를 지명한 것은 이때가 처음이었다. 8년 뒤인 1977년에도 뉴올리언스가 루시아 해리스를 지명하는 일이 있었다. 하지만 두 선수 모두 계약에는 실패했다.

1970~1974년
· 대학교 1학년생들도 시합에 나설 수 있게 되었다. 이전에는 대학 1학년생들은 1년 동안 시합에 출전하지 못했다.
· 미국이 올림픽 사상 첫 패배를 기록했다. 미국은 소련(USSR)이 51:50으로 패하면서 금메달을 놓쳤다.
· 1974년, 모지스 말론이 고등학교를 졸업하고 프로무대에 직행한 최초의 선수가 되었다.

1975~1979년

· 1976년 몬트리올 올림픽에서 여자 농구 경기가 처음으로 개최되었다. 우승은 미국이 차지했다.

· 여자 대학 농구 경기가 메디슨 스퀘어가든에서 처음으로 개최되었다. 무려 11,000명이 넘는 관중들이 경기를 관전했다.

· 1976년 ABA의 네 팀이 NBA에 합병되었다. 덴버, 인디애나, 뉴욕, 샌안토니오가 그들로서 이중 뉴욕은 뉴저지로 연고지를 바꾸었다.

· 덩크슛이 시합 중에 다시 허용되었다.

· 1979년 NBA가 프로리그로는 최초로 3점슛을 도입했다.

· NBA 인디애나 페이서스가 여자농구선수와 1년 계약을 체결했다. 당시 24살이었던 여자국가대표 앤 메이어스는 입단 계약을 체결했지만, 결국 벽을 넘지 못하고 농구를 포기했다.

1980~1984년

· 1982년 뉴델리 아시안게임에서 한국 대표팀이 중국을 꺾고 첫 아시안게임 금메달을 획득했다.

· 1983년 농구대잔치 점보시리즈가 출범하였다.

· 1984년, 한국 여자농구 대표팀이 첫 출전한 올림픽 대회에서 은메달을 목에 걸었다. 조승연 현 서울 삼성 단장이 지휘봉을 잡았던 이 대표팀에는 박찬숙, 박양계, 김화순, 이미자, 최경희, 성정아, 문경자 등이 이름을 올렸다. 우승은 미국이 차지했다.

1985~1989년

· 3점슛이 대학농구 경기에서도 공식적으로 채택되었다.
· 감독들이 시합 중에 서서 경기를 지시할 수 있게 되었다. 그러나 코치나 다른 이들은 반드시 앉아 있어야 한다는 조항도 있었다.
· 1988년 올림픽이 대한민국 서울에서 개최되었다. 미국이 금메달 획득에 실패했다.
· NBA가 3심제를 공식적으로 채택했다.

1990~1994년

· NCAA 디비전 I 토너먼트가 전국적으로 생중계되기 시작했고, 4강을 일컫는 'Final Four'가 브랜드로 등록되었다.
· 소련의 고교농구팀이 미국을 방문해 5차례의 친선 경기를 했다.
· 1991년, 농구 100주년 기념행사가 개최되었다.
· 1991년, 프로농구 선수들의 올림픽 출전이 허가되었다

1995~1999년

· 1995년 캐나다에 프로농구(NBA) 구단이 창단했다. 토론토 랩터스와 밴쿠버 그리즐리스는 각각 NBA의 28, 29번째 농구단으로 95/96시즌부터 정식 참가했다.
· 1997년, 여자프로농구 리그(WNBA)가 공식 출범했다.
· 1998년 방콕 아시안게임에서 한국이 중국에 패하며 준우

승을 차지했다.
- 한국 프로농구 연맹이 출범하여 1997년에 프로원년 시즌을 치렀다.
- 1998년 여자프로농구리그(WKBL)가 출범해 첫 시즌을 치렀다.

2000년~현재
- 2000년 시드니 올림픽에서 한국 여자농구 대표팀이 4강 신화를 이루었다. 전주원은 이 대회에서 올림픽 사상 첫 트리플-더블을 기록했다.
- NBA 이사회가 지역방어 부활을 발표하였다.
- 2002년 NBA 역사상 최초로 아시아 선수(야오밍, 중국)가 드래프트 전체 1위로 휴스턴 로케츠에 지명되었다.
- 2002년 부산 아시안게임에서 한국이 중국을 꺾고 금메달을 차지했다.
- 2002년 세계선수권대회에서 미국 국가대표팀이 NBA 선수들 출전 이후 사상 첫 패배를 당했다. 세계선수권 우승은 유고슬라비아에게 돌아갔다.
- 2004년 아테네 올림픽에서 미국 국가대표팀이 NBA 선수 출전 이후 올림픽 첫 패배를 푸에르토리코에게 당했다. 올림픽 우승은 아르헨티나가 차지했다.
- 2004년 하승진이 한국농구 역사상 최초로 NBA 드래프트에서 지명되었다.

프랑스엔 〈크세주〉, 일본엔 〈이와나미 문고〉, 한국에는 〈살림지식총서〉가 있습니다.

📗 전자책 | 🔍 큰글자 | 🔊 오디오북

001 미국의 좌파와 우파 | 이주영 📗🔍
002 미국의 정체성 | 김형인 📗🔍
003 마이너리티 역사 | 손영호 📗
004 두 얼굴을 가진 하나님 | 김형인 📗
005 MD | 정욱식 📗🔍
006 반미 | 김진웅 📗
007 영화로 보는 미국 | 김성곤 📗🔍
008 미국 뒤집어보기 | 장석정
009 미국 문화지도 | 장석정
010 미국 메모랜덤 | 최성일
011 위대한 어머니 여신 | 장영란 📗🔍
012 변신이야기 | 김선자 📗
013 인도신화의 계보 | 류경희 📗
014 축제인류학 | 류정아 📗
015 오리엔탈리즘의 역사 | 정진농 📗🔍
016 이슬람 문화 | 이희수 📗🔍
017 살롱문화 | 서정복
018 추리소설의 세계 | 정규웅 🔍
019 애니메이션의 장르와 역사 | 이용배 📗
020 문신의 역사 | 조현설
021 색채의 상징, 색채의 심리 | 박영수 📗🔍
022 인체의 신비 | 이성주 📗🔍
023 생물학무기 | 배우철 📗
024 이 땅에서 우리말로 철학하기 | 이기상
025 중세는 정말 암흑기였나 | 이경재 📗🔍
026 미셸 푸코 | 양운덕 📗🔍
027 포스트모더니즘에 대한 성찰 | 신승환 📗🔍
028 조폭의 계보 | 방성수
029 성스러움과 폭력 | 류성민 📗
030 성상 파괴주의와 성상 옹호주의 | 진형준 📗
031 UFO학 | 성시정
032 최면의 세계 | 설기문 📗
033 천문학 탐구자들 | 이면우
034 블랙홀 | 이충환 📗
035 법의학의 세계 | 이윤성 📗🔍
036 양자 컴퓨터 | 이순칠 📗
037 마피아의 계보 | 안혁 📗🔍
038 헬레니즘 | 윤진 📗🔍
039 유대인 | 정성호 📗🔍
040 M. 엘리아데 | 정진홍 📗🔍
041 한국교회의 역사 | 서정민 📗🔍
042 야웨와 바알 | 김남일 📗
043 캐리커처의 역사 | 박창석
044 한국 액션영화 | 오승욱 📗
045 한국 문예영화 이야기 | 김남석 📗
046 포켓몬 마스터 되기 | 김윤아 📗

047 판타지 | 송태현 📗
048 르 몽드 | 최연구 📗🔍
049 그리스 사유의 기원 | 김재홍 📗
050 영혼론 입문 | 이정우
051 알베르 카뮈 | 유기환 📗🔍
052 프란츠 카프카 | 편영수 📗
053 버지니아 울프 | 김희정 📗
054 재즈 | 최규용 📗🔍
055 뉴에이지 음악 | 양한수 📗
056 중국의 고구려사 왜곡 | 최광식 📗🔍
057 중국의 정체성 | 강준영 📗🔍
058 중국의 문화코드 | 강진석 🔍
059 중국사상의 뿌리 | 장현근 📗🔍
060 화교 | 정성호 📗
061 중국인의 금기 | 장범성 🔍
062 무협 | 문현선 📗
063 중국영화 이야기 | 임대근 📗
064 경극 | 송철규 📗
065 중국적 사유의 원형 | 박정근 📗🔍
066 수도원의 역사 | 최형걸 📗
067 현대 신학 이야기 | 박만 📗
068 요가 | 류경희 📗🔍
069 성공학의 역사 | 정해윤 📗
070 진정한 프로는 변화가 즐겁다 | 김학선 📗🔍
071 외국인 직접투자 | 송의달
072 지식의 성장 | 이한구 📗🔍
073 사랑의 철학 | 이정은 📗
074 유교문화와 여성 | 김미영 📗
075 매체 정보란 무엇인가 | 구연상 📗🔍
076 피에르 부르디외와 한국사회 | 홍성민 📗
077 21세기 한국의 문화혁명 | 이정덕 📗
078 사건으로 보는 한국의 정치변동 | 양길현 📗🔍
079 미국을 만든 사상들 | 정경희 📗🔍
080 한반도 시나리오 | 정욱식 📗🔍
081 미국인의 발견 | 우수근 📗
082 미국의 거장들 | 김홍국 📗
083 법으로 보는 미국 | 채동배
084 미국 여성사 | 이창신 📗
085 책과 세계 | 강유원 🔍
086 유럽왕실의 탄생 | 김현수 📗🔍
087 박물관의 탄생 | 전진성 📗
088 절대왕정의 탄생 | 임승휘 📗🔍
089 커피 이야기 | 김성윤 📗🔍
090 축구의 문화사 | 이은호
091 세기의 사랑 이야기 | 안재필 📗🔍
092 반연극의 계보와 미학 | 임준서 📗

093 한국의 연출가들 | 김남석
094 동아시아의 공연예술 | 서연호
095 사이코드라마 | 김정일
096 철학으로 보는 문화 | 신응철
097 장 폴 사르트르 | 변광배
098 프랑스 문화와 상상력 | 박기현
099 아브라함의 종교 | 공일주
100 여행 이야기 | 이진홍
101 아테네 | 장영란
102 로마 | 한형곤
103 이스탄불 | 이희수
104 예루살렘 | 최창모
105 상트 페테르부르크 | 방일권
106 하이델베르크 | 곽병휴
107 파리 | 김복래
108 바르샤바 | 최건영
109 부에노스아이레스 | 고부안
110 멕시코 시티 | 정혜주
111 나이로비 | 양철준
112 고대 올림픽의 세계 | 김복희
113 종교와 스포츠 | 이창익
114 그리스 미술 이야기 | 노성두
115 그리스 문명 | 최혜영
116 그리스와 로마 | 김덕수
117 알렉산드로스 | 조현미
118 고대 그리스의 시인들 | 김헌
119 올림픽의 숨은 이야기 | 장원재
120 장르 만화의 세계 | 박인하
121 성공의 길은 내 안에 있다 | 이숙영
122 모든 것을 고객중심으로 바꿔라 | 안상헌
123 중세와 토마스 아퀴나스 | 박주영
124 우주 개발의 숨은 이야기 | 정홍철
125 나노 | 이영희
126 초끈이론 | 박재모 · 현승준
127 안토니 가우디 | 손세관
128 프랭크 로이드 라이트 | 서수경
129 프랭크 게리 | 이일형
130 리차드 마이어 | 이성훈
131 안도 다다오 | 임채진
132 색의 유혹 | 오수연
133 고객을 사로잡는 디자인 혁신 | 신언모
134 양주 이야기 | 김준철
135 주역과 운명 | 심의용
136 학계의 금기를 찾아서 | 강성민
137 미 · 중 · 일 새로운 패권전략 | 우수근
138 세계지도의 역사와 한반도의 발견 | 김상근
139 신용하 교수의 독도 이야기 | 신용하
140 간도는 누구의 땅인가 | 이성환
141 말리노프스키의 문화인류학 | 김용환
142 크리스마스 | 이영제
143 바로크 | 신정아
144 페르시아 문화 | 신규섭
145 패션과 명품 | 이재진
146 프랑켄슈타인 | 장정희

147 뱀파이어 연대기 | 한혜원
148 위대한 힙합 아티스트 | 김정훈
149 살사 | 최명호
150 모던 걸, 여우 목도리를 버려라 | 김주리
151 누가 하이카라 여성을 데리고 사누 | 김미지
152 스위트 홈의 기원 | 백지혜
153 대중적 감수성의 탄생 | 강심호
154 에로 그로 넌센스 | 소래섭
155 소리가 만들어낸 근대의 풍경 | 이승원
156 서울은 어떻게 계획되었는가 | 염복규
157 부엌의 문화사 | 함한희
158 칸트 | 최인숙
159 사람은 왜 인정받고 싶어하나 | 이정은
160 지중해학 | 박상진
161 동북아시아 비핵지대 | 이삼성 외
162 서양 배우의 역사 | 김정수
163 20세기의 위대한 연극인들 | 김미혜
164 영화음악 박신영
165 한국독립영화 | 김수남
166 영화와 샤머니즘 | 이종승
167 영화로 보는 불륜의 사회학 | 황혜진
168 J.D. 샐린저와 호밀밭의 파수꾼 | 김성곤
169 허브 이야기 | 조태동 · 송진희
170 프로레슬링 | 성민수
171 프랑크푸르트 | 이기식
172 바그다드 이동은
173 아테네인, 스파르타인 | 윤진
174 정치의 원형을 찾아서 | 최자영
175 소르본 대학 | 서정복
176 테마로 보는 서양미술 | 권용준
177 칼 마르크스 | 박영균
178 허버트 마르쿠제 | 손철성
179 안토니오 그람시 | 김현우
180 안토니오 네그리 | 윤수종
181 박이문의 문학과 철학 이야기 | 박이문
182 상상력과 가스통 바슐라르 | 홍명희
183 인간복제의 시대가 온다 | 김홍재
184 수소 혁명의 시대 | 김미선
185 로봇 이야기 | 김문상
186 일본의 정체성 | 김필동
187 일본의 서양문화 수용사 | 정하미
188 번역과 일본의 근대 | 최경옥
189 전쟁국가 일본 | 이성환
190 한국과 일본 | 하우봉
191 일본 누드 문화사 | 최유경
192 주신구라 | 이준섭
193 일본의 신사 | 박규태
194 미야자키 하야오 | 김윤아
195 애니메이션으로 보는 일본 | 박규태
196 디지털 애니메이션 스토리텔링 | 강심호
197 디지털 애니메이션 스토리텔링 | 배주영
198 디지털 게임의 미학 | 전경란
199 디지털 게임 스토리텔링 | 한혜원
200 한국형 디지털 스토리텔링 | 이인화

201 디지털 게임, 상상력의 새로운 영토 | 이정엽 🔊
202 프로이트와 종교 | 권수영
203 영화로 보는 태평양전쟁 | 이동훈 📱
204 소리의 문화사 | 김토일 📱
205 극장의 역사 | 임종엽 📱
206 뮤지엄건축 | 서상우 📱
207 한옥 | 박명덕 📱 🔍
208 한국만화사 산책 | 손상익
209 만화 속 백수 이야기 | 김성훈
210 코믹스 만화의 세계 | 박석환 📱
211 북한만화의 이해 | 김성훈·박소현
212 북한 애니메이션 | 이대연·김경임
213 만화로 보는 미국 | 김기홍
214 미생물의 세계 | 이재열 📱
215 빛과 색 | 변종철 📱
216 인공위성 | 장영근 📱
217 문화콘텐츠란 무엇인가 | 최연구 📱 🔍
218 고대 근동의 신화와 종교 | 강성열 📱
219 신비주의 | 금인숙
220 십자군, 성전과 약탈의 역사 | 진원숙
221 종교개혁 이야기 | 이성덕 📱
222 자살 | 이진홍 📱
223 성, 그 억압과 진보의 역사 | 윤가현 📱 🔍
224 아파트의 문화사 | 박철수
225 권오길 교수가 들려주는 생물의 섹스 이야기 | 권오길 📱
226 동물행동학 | 임신재 📱
227 한국 축구 발전사 | 김성원 📱
228 월드컵의 위대한 전설들 | 서준형
229 월드컵의 강국들 | 심재희
230 스포츠마케팅의 세계 | 박찬혁
231 일본의 이중권력, 쇼군과 천황 | 다카시로 고이치
232 일본의 사소설 | 안영희
233 글로벌 매너 | 박한표 📱
234 성공하는 중국 진출 가이드북 | 우수근
235 20대의 정체성 | 정성호 📱
236 중년의 사회학 | 정성호 📱 🔍
237 인권 | 차병직 📱
238 헌법재판 이야기 | 오호택 📱
239 프라하 | 김규진 📱
240 부다페스트 | 김성진 📱
241 보스턴 | 황선희 📱
242 돈황 | 전인초 📱
243 보들레르 | 이건수 📱
244 돈 후안 | 정동섭
245 사르트르 참여문학론 | 변광배 📱
246 문체론 | 이종오 📱
247 올더스 헉슬리 | 김효원 📱
248 탈식민주의에 대한 성찰 | 박종성 📱 🔍
249 서양 무기의 역사 | 이내주 📱
250 백화점의 문화사 | 김인호 📱
251 초콜릿 이야기 | 정한진 📱
252 향신료 이야기 | 정한진 📱
253 프랑스 미식 기행 | 심순철
254 음식 이야기 | 윤진아 📱 🔍

255 비틀스 | 고영탁 📱
256 현대시와 불교 | 오세영 📱
257 불교의 선악론 | 안옥선 🔍
258 질병의 사회사 | 신규환 📱
259 와인의 문화사 | 고형욱 📱 🔍
260 와인, 어떻게 즐길까 | 김준철 📱 🔍
261 노블레스 오블리주 | 예종석 📱 🔍
262 미국인의 탄생 | 김진웅 📱
263 기독교의 교파 | 남병두 📱 🔍
264 플로티노스 | 조규홍 📱
265 아우구스티누스 | 박경숙 📱
266 안셀무스 | 김영철 📱
267 중국 종교의 역사 | 박종우 📱
268 인도의 신화와 종교 | 정광흠
269 이라크의 역사 | 공일주 📱
270 르 코르뷔지에 | 이관석 📱
271 김수영, 혹은 시적 양심 | 이은정 📱 🔍 🔊
272 의학사상사 | 여인석 📱
273 서양의학의 역사 | 이재담 📱
274 몸의 역사 | 강신익 📱 🔍
275 인류를 구한 항균제들 | 예병일 📱
276 전쟁의 판도를 바꾼 전염병 | 예병일 📱
277 사상의학 바로 알기 | 장동민 📱
278 조선의 명의들 | 김호 📱
279 한국인의 관계심리학 | 권수영 📱 🔍
280 모건의 가족 인류학 | 김용환
281 예수가 상상한 그리스도 | 김호경 📱
282 사르트르와 보부아르의 계약결혼 | 변광배 📱 🔍
283 초기 기독교 이야기 | 진원숙 📱
284 동유럽의 민족 분쟁 | 김철민 📱
285 비잔틴제국 | 진원숙 📱 🔍
286 오스만제국 | 진원숙 📱
287 별을 보는 사람들 | 조상호
288 한미 FTA 후 직업의 미래 | 김준성 📱
289 구조주의와 그 이후 | 김종우 📱
290 아도르노 | 이종하 📱
291 프랑스 혁명 | 서정복 📱 🔍
292 메이지유신 | 장인성 📱 🔍
293 문화대혁명 | 백승욱 📱 🔍
294 기생 이야기 | 신현규 📱
295 에베레스트 | 김법모 📱
296 빈 | 인성기 📱
297 발트3국 | 서진석 📱
298 아일랜드 | 한일동 📱
299 이케다 하야토 | 권혁기 📱
300 박정희 | 김성진 📱 🔊
301 리콴유 | 김성진 📱
302 덩샤오핑 | 박형기 📱
303 마거릿 대처 | 박동운 📱 🔊
304 로널드 레이건 | 김형곤 📱 🔊
305 셰이크 모하메드 | 최진영 📱
306 유엔사무총장 | 김정태 📱
307 농구의 탄생 | 손대범 📱
308 홍차 이야기 | 정은희 📱 🔍

309	인도 불교사 | 김미숙	363	러시아의 정체성 | 기연수
310	아힌사 | 이정호	364	너는 시방 위험한 로봇이다 | 오은
311	인도의 경전들 | 이재숙	365	발레리나를 꿈꾼 로봇 | 김선혁
312	글로벌 리더 | 백형찬	366	로봇 선생님 가라사대 | 안동근
313	탱고 | 배수경	367	로봇 디자이의 숨겨진 규칙 | 구신애
314	미술경매 이야기 | 이규현	368	로봇을 향한 열정, 일본 애니메이션 | 안병욱
315	달마와 그 제자들 | 우봉규	369	도스토예프스키 | 박영은
316	호두와 좌선 | 김호귀	370	플라톤의 교육 | 장영란
317	대학의 역사 | 이광주	371	대공황 시대 | 양동휴
318	이슬람의 탄생 | 진정숙	372	미래를 예측하는 힘 | 최연구
319	DNA분석과 과학수사 | 박기원	373	꼭 알아야 하는 미래 질병 10가지 | 우정헌
320	대통령의 탄생 | 조지형	374	과학기술의 개척자들 | 송성수
321	대통령의 퇴임 이후 | 김형곤	375	레이첼 카슨과 침묵의 봄 | 김재호
322	미국의 대통령 선거 | 윤용희	376	좋은 문장 나쁜 문장 | 송준호
323	프랑스 대통령 이야기 | 최연구	377	바울 | 김흥경
324	실용주의 | 이유선	378	테킬라 이야기 | 최명호
325	맥주의 세계 | 원융희	379	어떻게 일본 과학은 노벨상을 탔는가 | 김범성
326	SF의 법칙 | 고장원	380	기후변화 이야기 | 이유진
327	원효 | 김원명	381	상송 | 전금주
328	베이징 | 조창완	382	이슬람 예술 | 전완경
329	상하이 | 김윤희	383	페르시아의 종교 | 유흥태
330	홍콩 | 유영하	384	삼위일체론 | 유해무
331	중화경제의 리더들 | 박형기	385	이슬람 율법 | 공일주
332	중국의 엘리트 | 주장환	386	금강경 | 곽철환
333	중국의 소수민족 | 정재남	387	루이스 칸 | 김낙중·정태용
334	중국을 이해하는 9가지 관점 | 우수근	388	톰 웨이츠 | 신주현
335	고대 페르시아의 역사 | 유흥태	389	위대한 여성 과학자들 | 송성수
336	이란의 역사 | 유흥태	390	법원 이야기 | 오호택
337	에스파한 | 유흥태	391	명예훼손이란 무엇인가 | 안상운
338	번역이란 무엇인가 | 이향	392	사법권의 독립 | 조지형
339	해체론 | 조규형	393	피해자학 강의 | 장규원
340	자크 라캉 | 김용수	394	정보공개란 무엇인가 | 안상운
341	하지홍 교수의 개 이야기 | 하지홍	395	적정기술이란 무엇인가 | 김정태·홍성욱
342	다방과 카페, 모던보이의 아지트 | 장유정	396	치명적인 금융위기, 왜 유독 대한민국인가 | 오형규
343	역사 속의 채식인 | 이광조 (절판)	397	지방자치단체, 돈이 새고 있다 | 최인욱
344	보수와 진보의 정신분석 | 김용신	398	스마트 위험사회가 온다 | 민경식
345	저작권 | 김기태	399	한반도 대재난, 대책은 있는가 | 이정직
346	왜 그 음식은 먹지 않을까 | 정한진	400	불안사회 대한민국, 복지가 해답인가 | 신광영
347	플라멩코 | 최명호	401	21세기 대한민국 대외전략 | 김기수
348	월트 디즈니 | 김기경	402	보이지 않는 위협, 종북주의 | 류현수
349	빌 게이츠 | 김익현	403	우리 헌법 이야기 | 오호택
350	스티브 잡스 | 김상훈	404	핵심 중국어 간체자(簡體字) | 김현정
351	잭 웰치 | 하정필	405	문화생활과 문화주택 | 김용범
352	워렌 버핏 | 이민주	406	미래주거의 대안 | 김세용·이재준
353	조지 소로스 | 김성진	407	개방과 폐쇄의 딜레마, 북한의 이중적 경제 | 남성욱·정유석
354	마쓰시타 고노스케 | 권혁기	408	연극과 영화를 통해 본 북한 사회 | 민병욱
355	도요타 | 이우광	409	먹기 위한 개방, 살기 위한 핵외교 | 김계동
356	기술의 역사 | 송성수	410	북한 정권 붕괴 가능성과 대비 | 전경주
357	미국의 총기 문화 | 손영호	411	북한을 움직이는 힘, 군부의 패권경쟁 | 이영훈
358	표트르 대제 | 박지배	412	인민의 천국에서 벌어지는 인권유린 | 허만호
359	조지 워싱턴 | 김형곤	413	성공을 이끄는 마케팅 법칙 | 추성엽
360	나폴레옹 | 서정복	414	커피로 알아보는 마케팅 베이직 | 김민주
361	비스마르크 | 김장수	415	쓰나미의 과학 | 이호준
362	도죽동 | 김승일	416	20세기를 빛낸 극작가 20인 | 백승무

417 20세기의 위대한 지휘자	김문경	471 논리적 글쓰기	여세주
418 20세기의 위대한 피아니스트	노태헌	472 디지털 시대의 글쓰기	이강룡
419 뮤지컬의 이해	이동섭	473 NLL을 말하다	이상철
420 위대한 도서관 건축 순례	최정태	474 뇌의 비밀	서유헌
421 아름다운 도서관 오디세이	최정태	475 버트런드 러셀	박병철
422 롤링 스톤즈	김기범	476 에드문트 후설	박인철
423 서양 건축과 실내디자인의 역사	천진희	477 공간 해석의 지혜, 풍수	이지형
424 서양 가구의 역사	공혜원	478 이야기 동양철학사	강성률
425 비주얼 머천다이징&디스플레이 디자인	강희수	479 이야기 서양철학사	강성률
426 호감의 법칙	김경호	480 독일 계몽주의의 유학적 기초	전홍석
427 시대의 지성, 노암 촘스키	임기대	481 우리말 한자 바로쓰기	안광희
428 역사로 본 중국음식	신계숙	482 유머의 기술	이상훈
429 일본요리의 역사	박병학	483 관상	이태룡
430 한국의 음식문화	도현신	484 가상학	이태룡
431 프랑스 음식문화	민혜련	485 역경	이태룡
432 중국차 이야기	조은아	486 대한민국 대통령들의 한국경제 이야기1	이장규
433 디저트 이야기	안호기	487 대한민국 대통령들의 한국경제 이야기2	이장규
434 치즈 이야기	박승용	488 별자리 이야기	이형철 외
435 면(麵) 이야기	김한송	489 셜록 홈즈	김재성
436 막걸리 이야기	정은숙	490 역사를 움직인 중국 여성들	이양자
437 알렉산드리아 비블리오테카	남태우	491 중국 고전 이야기	문승용
438 개헌 이야기	오호택	492 발효 이야기	이미란
439 전통 명품의 보고, 규장각	신병주	493 이승만 평전	이주영
440 에로스의 예술, 발레	김도윤	494 미군정시대 이야기	차상철
441 소크라테스를 알라	장영란	495 한국전쟁사	이희진
442 소프트웨어가 세상을 지배한다	김재호	496 정전협정	조성훈
443 국제난민 이야기	김철민	497 북한 대남 침투도발사	이윤규
444 셰익스피어 그리고 인간	김도윤	498 수상	이태룡
445 명상이 경쟁력이다	김필수	499 성명학	이태룡
446 갈매나무의 시인 백석	이숭원	500 결혼	남정욱
447 브랜드를 알면 자동차가 보인다	김흥식	501 광고로 보는 근대문화사	김병희
448 파이온에서 힉스 입자까지	이강영	502 시조의 이해	임형선
449 알고 쓰는 화장품	구희연	503 일본인은 왜 속마음을 말하지 않을까	임영철
450 희망이 된 인문학	김호연	504 내 사랑 아다지오	양태조
451 한국 예술의 큰 별 동랑 유치진	백형찬	505 수프림 오페라	김도윤
452 경허와 그 제자들	우봉규	506 바그너의 이해	서정원
453 논어	윤홍식	507 원자력 이야기	이정익
454 장자	이기동	508 이스라엘과 창조경제	정성호
455 맹자	장현근	509 한국 사회 빈부의식은 어떻게 변했는가	김용신
456 관자	신창호	510 요하문명과 한반도	우실하
457 순자	윤무학	511 고조선왕조실록	이희진
458 미사일 이야기	박준복	512 고구려조선왕조실록 1	이희진
459 사주(四柱) 이야기	이지형	513 고구려조선왕조실록 2	이희진
460 영화로 보는 로큰롤	김기범	514 백제왕조실록 1	이희진
461 비타민 이야기	김정환	515 백제왕조실록 2	이희진
462 장군 이순신	도현신	516 신라왕조실록 1	이희진
463 전쟁의 심리학	이윤규	517 신라왕조실록 2	이희진
464 미국의 장군들	여영무	518 신라왕조실록 3	이희진
465 첨단무기의 세계	양낙규	519 가야왕조실록	이희진
466 한국무기의 역사	이내주	520 발해왕조실록	구난희
467 노자	임헌규	521 고려왕조실록 1 (근간)
468 한비자	윤찬원	522 고려왕조실록 2 (근간)
469 묵자	박문현	523 조선왕조실록 1	이성무
470 나는 누구인가	김용신	524 조선왕조실록 2	이성무

525 조선왕조실록 3 | 이성무
526 조선왕조실록 4 | 이성무
527 조선왕조실록 5 | 이성무
528 조선왕조실록 6 | 이성무
529 정한론 | 이기용
530 청일전쟁 | 이성환
531 러일전쟁 | 이성환
532 이슬람 전쟁사 | 진원숙
533 소주이야기 | 이지형
534 북한 남침 이후 3일간 이승만 대통령의 행적 | 남정옥
535 제주 신화 1 | 이석범
536 제주 신화 2 | 이석범
537 제주 전설 1 | 이석범 (절판)
538 제주 전설 2 | 이석범 (절판)
539 제주 전설 3 | 이석범 (절판)
540 제주 전설 4 | 이석범 (절판)
541 제주 전설 5 | 이석범 (절판)
542 제주 민담 | 이석범
543 서양의 명장 | 박기련
544 동양의 명장 | 박기련
545 루소, 교육을 말하다 | 고봉만 · 황성원
546 철학으로 본 앙트러프러너십 | 전인수
547 예술과 앙트러프러너십 | 조명계
548 예술마케팅 | 전인수
549 비즈니스상상력 | 전인수
550 개념설계의 시대 | 전인수
551 미국 독립전쟁 | 김형곤
552 미국 남북전쟁 | 김형곤
553 초기불교 이야기 | 곽철환
554 한국가톨릭의 역사 | 서정민
555 시아 이슬람 | 유흥태
556 스토리텔링에서 스토리두잉으로 | 윤주
557 변세시대의 지혜 | 신현동
558 굽보 씨가 살아온 한국 사회 | 김병희
559 정부광고로 보는 일상생활사 | 김병희
560 정부광고의 국민계몽 캠페인 | 김병희
561 도시재생이야기 | 윤주
562 한국의 핵무장 | 김재엽
563 고구려 비문의 비밀 | 정호섭
564 비슷하면서도 다른 한중문화 | 장범성
565 급변하는 현대 중국의 일상 | 장시,리우린,장범성
566 중국의 한국 유학생들 | 왕링원, 장범성
567 밥 딜런 그의 나라에는 누가 사는가 | 오민석
568 언론으로 본 정부 정책의 변천 | 김병희
569 전통과 보수의 나라 영국 1-영국 역사 | 한일동
570 전통과 보수의 나라 영국 2-영국 문화 | 한일동
571 전통과 보수의 나라 영국 3-영국 현대 | 김언조
572 제1차 세계대전 | 윤형호
573 제2차 세계대전 | 윤형호
574 라벨로 보는 프랑스 포도주의 이해 | 전경준
575 디젤 푸코, 말과 사물 | 이규현
576 프로이트, 꿈의 해석 | 김석
577 왜 5왕 | 홍성화
578 스가씨 4대 | 나형주
579 미나모토노 요리토모 | 남기학
580 도요토미 히데요시 | 이계황
581 요시다 쇼인 | 이희복
582 시부사와 데이이치 | 양의모
583 이토 히로부미 | 방광석
584 메이지 천황 | 박진우
585 하라 다카시 | 김영숙
586 히라쓰카 라이초 | 정애영
587 고노에 후미마로 | 김봉식
588 모방이론으로 본 시장경제 | 김진식
589 보들레르의 풍자적 현대문명 비판 | 이건수
590 원시유교 | 한성구
591 도가 | 김디근
592 춘추전국시대의 고민 | 김현주
593 사회계약론 | 오수웅
594 조선의 예술혼 | 백형찬
595 좋은 영어, 문체와 수사 | 박종성

농구의 탄생

펴낸날	초판 1쇄 2007년 9월 28일
	초판 3쇄 2023년 3월 30일
지은이	손대범
펴낸이	심만수
펴낸곳	(주)살림출판사
출판등록	1989년 11월 1일 제9-210호
주소	경기도 파주시 광인사길 30
전화	031-955-1350 팩스 031-624-1356
홈페이지	http://www.sallimbooks.com
이메일	book@sallimbooks.com
ISBN	978-89-522-0715-9 04080
	978-89-522-0096-9 04080 (세트)

※ 값은 뒤표지에 있습니다.
※ 잘못 만들어진 책은 구입하신 서점에서 바꾸어 드립니다.